gozo

A Highly Favoured Life Devotional

Derechos de autor © The Highly Favoured Life 2024

Publicado y diseñado por Unmovable Publications

RESERVADOS TODOS LOS DERECHOS
a The Highly Favoured Life y escritores autorizados.

Ninguna parte de este libro puede reproducirse ni transmitirse de ninguna forma ni por ningún medio, electrónico o mecánico, incluidas fotocopias, grabaciones o cualquier sistema de almacenamiento y recuperación de información sin permiso por escrito del editor.

Todas las citas de las Escrituras son de la Biblia RVG.

ISBN:
978-1-967189-21-2 (paperback)
978-1-967189-22-9 (hardback)

La Dedicatoria

A Mamá, por mostrarnos una vida de alegría durante todas las etapas de nuestra vida y por orar constantemente por nosotros, siempre animándonos.

A las damas que nos han impactado con una palabra amable, una sonrisa brillante y una muestra de verdadero gozo en Cristo. Gracias por inspirarnos a compilar este libro de devocionales.

La Introducción

"¿Por qué siempre está sonriendo?" "¿Cómo puede ser tan alegre en este mundo tan loco?" "¿Cómo se supone que seré feliz cuando las cosas no van como quiero?" Estas son preguntas que los incrédulos pueden hacernos. Incluso, estas pueden ser preguntas que examinamos en nuestros propios corazones durante varias etapas de nuestra vida.

Muchas buscan en las redes sociales ese peinado "perfecto" para presumir. Otros saltan a esa nueva salida con sus amigas que hará una publicación "perfecta" en las redes sociales. Algunos se desplazan sin rumbo por esos blogs o publicaciones "perfectas" que simplemente no les permiten dejar su teléfono. Todos ellos están buscando. Buscando esa nueva "alegría" que les haga sonreír y sentirse realizados. A lo largo de muchas generaciones, la idea de "gozo" se ha desplazado hacia puntos de vista del entretenimiento, las experiencias, las posesiones terrenales o incluso la belleza externa. Si bien, estas ideas pueden no estar "equivocadas" en perspectiva, han robado el verdadero significado de la alegría lejos de la fuente de la alegría verdadera.

Nuestro deseo en este devocional es traer el foco del gozo de regreso a Aquel que nos trae el gozo eterno. Salmo 16:11 dice: "Me mostrarás la senda de la vida: Plenitud de gozo hay en tu presencia; delicias en tu diestra para siempre". ¿No sería maravillosa la vida si deseáramos la "plenitud de gozo" en lugar de ese traje nuevo que no necesitamos? ¿No sería más fácil para nosotros pasar unos minutos extra con nuestro Amigo que es eterno en lugar de comparar nuestras vidas con nuestros "amigos" en las redes sociales? ¡Qué maravilloso sería si realmente pudiéramos sonreír a través de las lágrimas de una dura prueba en lugar de tener un colapso cada vez que no nos salimos con la nuestra! Tener el gozo que Cristo ofrece no es una habilidad que simplemente adquirimos. Es un área en la que deberíamos estar siempre aprendiendo.

El primer paso para una vida gozosa es la salvación. ¡Después de eso, obedecerle a Él y continuar en una relación con Él son ambos pasos para convertirse en una mujer cristiana completa todos los días! Nuestra visión para este devocional es que dé un paso atrás y reconozca las áreas de su vida que pueden necesitar un "ajuste de gozo" y que se esfuerce por dejar que el Señor trabaje en esas áreas. Así que, tome su Biblia, un lápiz y una taza de café (o té para las amantes del té). Comience su viaje de 31 días en el "Camino de la vida" para encontrar "Plenitud de gozo en Su presencia".

- Callie Payne | Marissa Patton

El Gozo A Propósito

Por Crystal Aldridge

"Éste es el día que hizo Jehová; nos gozaremos y alegraremos en Él".

Salmo 118:24

¡Amo la nieve! Es una de las muchas bellezas de la creación de Dios que siempre he disfrutado. Vivo en Sandhills, Carolina del Sur, donde rara vez tenemos mucha nieve. Cuando sí la tuvimos, fue algo en grande. Todos y todas las cosas parecían ir más despacio. Tratábamos de asimilarlo todo. Por supuesto, parecía que no teníamos otra opción porque cuando llegaba, casi todo se cerraba. Recuerdo un año a finales de febrero. Se pronosticaba que tendríamos una tormenta de nieve. (Al menos para nosotros, habría sido una tormenta de nieve). Estábamos encantados con la perspectiva de construir un muñeco de nieve, tener peleas con bolas de nieve y comer crema de nieve. Mi esposo les anunció a nuestros tres hijos que, si caía solamente un copo de nieve, cancelaríamos la escuela en casa y tendríamos un día de nieve. Fuimos al supermercado a comprar leche y pan porque eso es lo que se hace en el Sur. Planeamos actividades divertidas creyendo que el mal tiempo impediría que papá trabajara y que se quedara en casa. ¡Sería genial! Mientras estábamos en la iglesia el miércoles por la noche, empezó a nevar. Llegó antes de lo que esperábamos. Esto solo podría significar aún más nieve para disfrutar, o eso pensamos. Los hermosos copos de nieve rápidamente se convirtieron en lluvia. Les dije a los niños mientras los acostaba que debería haber más nieve por la mañana. A lo largo de la noche, me levantaba y me asomaba con la esperanza de ver nieve, pero seguía lloviendo. Mientras mi esposo se fue al trabajo a la mañana siguiente, temía que los niños se despertaran y descubrieran que nunca nevó. Estaba decepcionada y sabía que ellos también lo estarían.

Mientras estaba sentada mirando por la ventana, el Señor me recordó que tenía que tomar una decisión. Con Su ayuda, decidí dejar de hacer pucheros y disfrutar la primavera. Hicimos nuestro devocional esa mañana sobre cómo vencer la decepción. Nosotros estudiamos Romanos 8:28 "Y sabemos que todas las cosas ayudan a bien, a los que aman a Dios, a los que conforme a su propósito son llamados".

Lo que podría haber sido un día muy deprimente, se convirtió en un gran día. Guardamos todos los muñecos de nieve y la decoración de invierno y llenamos la casa de flores y adornos de primavera. La primavera estaba en camino, y estábamos listos para ella. ¡Con la ayuda de la Palabra de Dios, decidimos tener gozo a propósito! Un día que esperaba que estuviera lleno de divertidos recuerdos con nieve terminó siendo uno de los favoritos en mi memoria, y todo comenzó con la dulce palabra del Señor: "Tienes que tomar una decisión".

gozo

Fecha:

Versículos de la Biblia:

Devoción personal:

La aplicación de hoy:

Oraciones:

Bendiciones:

El Gozo Verdadero

Por Belinda Young

"Porque el justo Jehová ama la justicia; el hombre recto mirará su rostro".

Salmo 11:7

De joven, miraba a mi papá con gran admiración. Él vivía correctamente con todo su ser y poseía un espíritu excelente en todo lo que hacía. No tenía una alta opinión de sí mismo, pero tenía una alta opinión de su Señor. Cuando hacía algo que lo decepcionaba, me avergonzaba y me decepcionaba de mí misma. Pero cuando hacía lo correcto y lo veía sonreírme, la felicidad y la alegría se apoderaban de mi alma al saber que había complacido a mi papá.

Mi padre terrenal me enseñó a amar y honrar a mi Padre Celestial, un Padre que siempre tiene razón y nunca se equivoca. Un Padre que me dio a mí y a cualquier otra persona que lo leyera, instrucciones detalladas sobre cómo vivir y tener razón. Cuando amo Sus instrucciones y obedezco Su Palabra, afecta mi ser interior, produciendo un gozo que está más allá de lo que se podría producir dentro de mí.

Él es mi Padre Celestial porque lo acepté como mi Salvador personal. Él es mi Padre porque me eligió a mí. Soy su hija porque lo acepté. Por lo tanto, anhelo complacerlo y verlo sonreírme, y no solo "soportarme" porque soy su hija. No hay paz ni contentamiento si no hago las cosas que sé que le agradarán. Pero si hago y amo las cosas que sé que le agradan, hay paz, contentamiento y gozo más allá de las circunstancias externas.

En pocas palabras, para tener gozo, simplemente "¡Sé real!"

El Señor Jesús lo expresó así en Mateo 23:25-27–

"¡Ay de vosotros, escribas y fariseos, hipócritas! Porque limpiáis lo de fuera del vaso y del plato, pero por dentro estáis llenos de robo y de desenfreno. ¡Fariseo ciego! Limpia primero lo de adentro del vaso y del plato, para que también lo de fuera sea limpio. ¡Ay de vosotros, escribas y fariseos, hipócritas! Porque sois semejantes a sepulcros blanqueados que, por fuera, a la verdad, se muestran hermosos, pero por dentro están llenos de huesos de muertos y de toda inmundicia".

El gozo puro proviene de una vida verdadera, REAL y correcta, no de una demostración de mí misma para parecer justa, sino una paz interior de compañerismo limpio, puro, real y dulce con mi Padre Celestial.

Disfruto del compañerismo con los amigos. Pero si no tengo otro amigo, hay gozo en mi corazón porque mi Padre Celestial es el mejor amigo que jamás podría tener. Él está allí a cualquier hora del día o de la noche; cualquier lugar público o privado y Él me hace saber que me ama y se interesa en que yo lo ame y brille por dentro y por fuera para Él.

Ser REAL con el Señor, amarlo y vivir para Él trae alegría que no se puede obtener por ningún otro medio.

gozo

Fecha:

Versículos de la Biblia:

Devoción personal:

La aplicación de hoy:

Oraciones:

Bendiciones:

La Tristeza Gozosa

Por Victoria Kiker

"Me mostrarás la senda de la vida: Plenitud de gozo hay en tu presencia; delicias en tu diestra para siempre".

Salmo 16:11

Elisabeth Elliot dijo una vez: "Sufrir es tener lo que no quieres y querer lo que no tienes". Como creyentes, todos hemos sufrido en un grado u otro. La pregunta es ¿qué tiene que ver la alegría con eso? ¿Cómo puede el sufrimiento traer alegría? ¿Cómo puede la pena, el dolor, la tristeza o el sufrimiento ser gozoso? Estimada lectora, si la declaración de Elisabeth Elliot es cierta, entonces lo más probable es que usted esté sufriendo ahora o que algún día lo estará. Es una verdad triste y dura, pero el sufrimiento toca inevitablemente a todas nuestras vidas. Tal vez esté sufriendo la pérdida de un ser querido, una temporada de soltería, un hijo pródigo, la infertilidad, el cáncer, la ruina financiera o tal vez algo que a los demás les puede parecer pequeño. Tal vez su lavadora se haya descompuesto por completo y se está ahogando en dos semanas de ropa sucia mientras espera que las finanzas le permitan comprar una nueva. ¿Cómo encuentra usted alegría en estas situaciones? ¿Se puede encontrar la verdadera alegría cuando su mundo se siente tan triste?

HE APRENDIDO QUE EL SUFRIMIENTO ES UN LLAMADO DIVINO.

El 7 de julio 2020, el Señor en Su bondad soberana comenzó a enseñarme esta importante lección sobre el gozo. Acababa de dar a luz a nuestro cuarto hijo, Andrew. Tuve un aborto espontáneo difícil antes de Andrew y me emocionó mucho saber que estaba embarazada de nuevo. Tendríamos nuestro pequeño "cuarteto" de hombres. ¡La vida sería maravillosa! Sin embargo, ese no era el plan de Dios. Di a luz inesperadamente el 1 de julio y después de solo seis preciosos días con nosotros, el Padre llamó a Andrew a casa. Mi mundo comenzó a dar vueltas y lo que parecía una pesadilla, se convirtió en mi realidad. Tenía muchas preguntas sobre ¿por qué? pero las respuestas nunca llegaron. En el fondo, sentía que nunca volvería a conocer la alegría verdadera.

A través de esta tragedia, he aprendido (y sigo aprendiendo) que el sufrimiento es un llamado divino. Las Escrituras dicen: "Por tanto, los que padecen según la voluntad de Dios, encomiéndenle a Él sus almas, como a fiel Creador, haciendo el bien" (I Pedro 4:19). A veces, el sufrimiento es conforme a la voluntad de Dios. ¿Por qué? pregunta uno. Creo que la respuesta a esto es simple: por mi inconformidad con Su plan de refinación. "A fin de conocerle, y el poder de su resurrección, y la participación de sus padecimientos, en conformidad a su muerte" (Filipenses 3:10). Su plan principal para mí es ser como Él. Nuestro Padre anhela que lo conozcamos. Hay una dulce comunión que sólo se encuentra en el sufrimiento.

Entonces, ¿cómo encontramos gozo en tiempos de sufrimiento? En pocas palabras, ¡debemos elegirlo! La palabra "alegría" que encontramos en las Escrituras tiene el significado de alegría y júbilo; alegre. La imagen de la palabra no es la de una animadora, llena de energía, extasiada por la vida. Alegre significa moderadamente alegre. La verdadera alegría no es una emoción exagerada; es un espíritu contento de verdadera y profunda felicidad. Lea el libro de I Pedro y encontrará numerosas veces donde se menciona el sufrimiento. El mismo Pedro encuentra la felicidad en aquellos creyentes que sufrían. Amiga, la elección es suya. Puede elegir confiar, obedecer y encontrar alegría en el hecho de que Dios es solo bueno; o puede elegir dejar que el dolor le consuma y le destruya. Mi tarea para usted: encuentre al cristiano más contento y agradable que pueda. Lo más probable es que esa persona ha soportado una tristeza profunda y oscura y ha escogido confiar en Dios, permitiéndole a Él que le refinara y amoldara. Por otro lado, encuentre un "cristiano" cuya amargura sea evidente y encontrará una persona que ciertamente ha sufrido, pero se negó a elegir el gozo en el dolor.

¡Mi oración por usted, querida hermana, es que elija la alegría! Tristemente, el sufrimiento es parte de la vida en este mundo caído y lleno de pecado. Pero no tiene que morar en el dolor. Permita que nuestro buen Padre traiga alegría. Pase tiempo en Su presencia y en Su preciosa Palabra; ¡encontrará alegría allí!

"La alegría no es la ausencia de sufrimiento, sino la presencia de Dios".

- Desconocido

gozo

Fecha:

Versículos de la Biblia:

Devoción personal:

La aplicación de hoy:

Oraciones:

Bendiciones:

Traer Gozo al Padre

Por Kim Thompson

"No tengo mayor gozo que el oír que mis hijos andan en la verdad"

III Juan 4

Mientras veía a mi querido hijo y a mi preciosa nuera salir de nuestra entrada después de estar en la ciudad menos de 24 horas (por la vida en diputación), agradecí a Dios con lágrimas en los ojos por los tres maravillosos "paquetes de gozo" que nos dio. Odio a las despedidas. ¡Pero prefiero esas despedidas llenas de lágrimas en cualquier momento y en cualquier lugar! ¿Quiere saber por qué me siento así? ¡Le diré por qué! El saber que mis hijos caminan en la verdad hace que cada día, bueno o malo, sea más alegre.

Al pensar en mis propios hijos, también recordé que hay madres "incapaces" de sentir alegría por sus hijos pródigos. Mi corazón está sinceramente con las madres de los hijos descarriados… ¡Las animo a orar, orar y orar por sus seres queridos!

Aunque ahora soy una madre mayor que ha criado a sus hijos, a los ojos de Dios, sigo siendo su pequeña niña. Jesucristo fue una gran fuente de gozo para Su Padre. El deseo de mi corazón es agradar al Padre en la misma capacidad. Mientras medito en mi Padre celestial y en cómo me ha hecho coheredera con Su Hijo, mi corazón canta: "El gozo inunda mi alma, porque Jesús me ha salvado, y este gozo nadie lo quitará". ¡Amén!

> EL SABER QUE MIS HIJOS CAMINAN EN LA VERDAD HACE QUE CADA DÍA, BUENO O MALO, SEA MÁS ALEGRE.

gozo

Fecha:

Versículos de la Biblia:

Devoción personal:

La aplicación de hoy:

Oraciones:

Bendiciones:

Hay Gozo en la Obediencia

Por Nicole Redmon

"Porque este es el amor de Dios, que guardemos sus mandamientos; y sus mandamientos no son gravosos".

I Juan 5:3

¡Nuestro mayor deleite siempre se encontrará en nuestra obediencia a Dios!

Si le pidiera definir la palabra "obediencia", estoy muy segura de que "gozo" no se encontraría en su descripción. Puede encontrarse usando palabras como "reglas a seguir", "restricciones" o "hacer lo que se nos dice sin cuestionar". Sin embargo, el gozo puede y debe ser parte de la definición de la obediencia para el hijo de Dios. La obediencia no siempre es fácil, conveniente o incluso popular.

Pero cuando obedecemos al Señor, esto traerá gran gozo. Obedecer al Señor es para nuestro propio bien. Créanme cuando les digo que hay "¡alegría dentro de la cerca!" Allí hay protección. Un hijo de Dios nunca debe tener la actitud de "¿Cuánto me puedo acercar a la cerca sin cruzarla?" ¡No hay alegría en rondar cerca de los postes de la cerca! Será miserable y estará confundida viviendo cerca de los límites que el Señor ha establecido para su vida. Entienda que obedecerle dentro de la cerca es por su propio bien. Cuando obedezco al Señor, mi vida se siente satisfecha y ¡ESO ES GOZOSO!

El Salmo 119:47 nos dice: "Y me deleitaré en tus mandamientos, los cuales he amado". ¡El Hijo de Dios encuentra gozo en lo que Él le manda a través de Su Palabra! Hay ocasiones en las que he leído la Palabra de Dios y me he encontrado con uno de esos versículos "difíciles". Sin embargo, cuando obedezco lo que Él me ha mandado a hacer, ¡el gozo inunda mi alma! porque respondí en obediencia a la Palabra de Dios por amor a Él. Juan 14:15 nos recuerda: "Si me amáis, guardad mis mandamientos". Juan 15:10-11 dice: "Si guardáis mis mandamientos, permaneceréis en mi amor; como también yo he guardado los mandamientos de mi Padre, y permanezco en su amor. Estas cosas os he hablado para que mi gozo esté en vosotros, y vuestro gozo sea cumplido". ¡El gozo y la obediencia están unidos en este versículo! Cuando le obedecemos con gozo, las bendiciones se derramarán sobre nuestra vida. Como seguidoras de Cristo, nuestro mayor deleite siempre se encontrará en nuestra obediencia a Su Palabra.

Entonces, la próxima vez que el Señor le pida que le obedezca de una manera específica, por favor no lo haga sin gozo. Disfrute los beneficios y la protección que Él da a través de la obediencia. Solo cuando somos obedientes, conoceremos el gozo que viene del Señor.

gozo

Fecha:

Versículos de la Biblia:

Devoción personal:

La aplicación de hoy:

Oraciones:

Bendiciones:

El Gozo en la Gratitud

Por Hannah Suttle

"Me mostrarás la senda de la vida: Plenitud de gozo hay en tu presencia; delicias en tu diestra para siempre".

Salmo 16:11

Gozo. ¿Alguna vez ha conocido a una de esas personas que parece nunca tener un mal día? Siempre están sonriendo, riéndose y hablando de lo maravillosa que es la vida. ¿Alguna vez los ha mirado y se ha preguntado, "cómo le hacen para tener una vida tan perfecta?" La alegría es algo que todos buscamos a diario; Quiero decir, ¿quién no quiere ser feliz? En realidad, estas personas que son "felices todo el tiempo" no tienen una vida perfecta, pero han logrado encontrar algo más que un sentimiento emocionante que les produce alegría. Han encontrado la fuente de la alegría verdadera que nunca deja de ser. Hablemos de algunos de los secretos de su alegría constante.

Entonces, ¿de dónde viene la alegría? Muchas veces cometemos el error de pensar que el gozo proviene de tener o recibir cosas. Aunque es bueno tener las posesiones materiales, estas posesiones se desvanecerán rápidamente. La Biblia dice en I Timoteo 6:6, "pero gran ganancia es la piedad con contentamiento".

Hebreos 13:5 comienza diciendo: "Sean vuestras costumbres sin avaricia; y contentos con lo que tenéis;" Tal vez se sorprenda cuánto gozo tendrá al pensar en las formas abundantes en las que Dios le ha bendecido. Lo negativo en la vida se destaca y puede ser abrumador, pero cuando volvemos nuestra mirada hacia todo lo que Dios ha hecho por nosotros, ¡cambiará nuestra perspectiva!

Después de darse cuenta de todo lo que Dios ha hecho por usted, se encontrará más a menudo agradeciendo y alabando al Señor por cada aspecto de la vida. Cuando tenga una actitud de gratitud y alabanza, profundizará su relación con Dios. El Salmo 35:27-28 dice: "Canten y alégrense los que están a favor de mi justa causa, y digan siempre: Sea exaltado de Jehová que se complace en la prosperidad de su siervo. Y mi lengua hablará de tu justicia, y de tu loor todo el día". ¡No hay nada que trae más alegría en la vida que tener una verdadera relación con su Salvador y servirle con su vida! ¡No hay manera más fácil de comenzar a profundizarse en esa relación que dándose cuenta de lo que Dios ha hecho por usted y agradeciéndole por ello!

Un desafío: Piense en todas las personas en su vida por las que está agradecida, ya sea su pastor, su cónyuge o su amiga. Escríbales una nota de agradecimiento explicando por qué está agradecida por ellos. Hacer esto le ayudará a darse cuenta de lo bendecida que es; las palabras y los actos de bondad significarán mucho para ellos ¡y hacerlos felices le hará feliz a usted también!

¡La alegría es una situación en la que todos ganamos!

gozo

Fecha:

Versículos de la Biblia:

Devoción personal:

La aplicación de hoy:

Oraciones:

Bendiciones:

El Gozo sin el Temor

Por Judy Rolfe

"Pero de ninguna cosa hago caso, ni estimo mi vida preciosa para mí mismo; con tal que acabe mi carrera con gozo, y el ministerio que recibí del Señor Jesús, para dar testimonio del evangelio de la gracia de Dios".

Hechos 20:24

Dado que lo opuesto al gozo es el miedo, podemos admirar verdaderamente al Apóstol Pablo cuando leemos este versículo. El versículo anterior nos dice que las prisiones y aflicciones permanecían con él. Quería terminar el curso de su carrera con alegría, es decir, sin miedo.

Las palabras paz, felicidad y gozo a menudo se relacionan entre sí. Sin embargo, el gozo es más grande que la felicidad. El gozo está en el corazón y abraza la paz. El gozo es interno, sacrificial y muy consistente. El gozo es desinteresado: uno puede experimentar el gozo sin la ganancia personal. El gozo no es un énfasis en nosotros mismos sino en los demás. Hebreos 12:2 habla del gozo que tuvo Jesús al enfrentar el sufrimiento y la vergüenza de la cruz.

El gozo es correcto y moral a los ojos de Dios. El verdadero gozo viene solo a través del amor de Cristo dado a nosotros por el

Espíritu Santo. El gozo es puramente bueno porque viene de Dios. De hecho, ¡Él nos promete gozo eterno! El gozo trasciende. El gozo abraza la paz y la alegría. Es profundo y rebosa. Es una práctica y un comportamiento; es deliberado e intencional.

El gozo se infunde del consuelo y se envuelva de la paz. El gozo no necesita de una sonrisa para existir. Sostiene nuestro espíritu y da vida a la paz y la alegría, incluso frente a la infelicidad. Es lo que Dios quiere para nosotros. En Juan 15:11, Jesús nos dice que Él nos dio Su Palabra para que nuestro gozo sea completo. Sentimos gran gozo cuando adoramos. Nehemías 8:10b dice que el gozo del Señor es nuestra fortaleza. El diablo, nuestro enemigo, es el que trata de robarnos el gozo.

El verdadero gozo es constante, ilimitado y define la vida. Es un depósito transformador que espera ser aprovechado. Requiere la máxima entrega y, como el amor, es una elección que hay que hacer. No es simplemente un sentimiento que sucede.

El gozo puede vencer cualquier cosa y todo, si se le permite (Santiago 1:2). Al elegir el gozo, hay esperanza. Con gozo, la autoestima y el respeto por uno mismo son indestructibles. En su expresión más verdadera, la alegría transforma los momentos difíciles en bendiciones y convierte el dolor en gratitud. ¡El gozo le da sentido a la vida!

gozo

Fecha:

Versículos de la Biblia:

Devoción personal:

La aplicación de hoy:

Oraciones:

Bendiciones:

Encontrar el Gozo en la Vida Que Está Viviendo

Por Susan Hutchens

*"Entonces María dijo: Mi alma engrandece al Señor;
y mi espíritu se regocije en Dios mi Salvador;"*

Lucas 1:46-47

¿Está viviendo la vida que planeó? El año pasado hubo algunos cambios en mi vida que incluyeron una mudanza internacional, un cambio en los roles de mi vida, algunos retrasos y decepciones, además de un tiempo de inactividad forzada después de un pequeño accidente. ¡La vida se ve muy diferente ahora, que hace solo dos años! Tal vez la historia de su vida también se ve diferente en este momento. ¿Es posible encontrar alegría cuando la vida resulta diferente a lo que habíamos planeado?

Tenemos que admitir que María, la madre de Jesús, se encontró viviendo una historia de vida que no había planeado. Había estado preparando felizmente para el matrimonio y una vida sencilla como esposa de un carpintero judío cuando supo que daría a luz al Mesías prometido a Israel. ¡Habla de un cambio de planes! Tener un hijo inesperado en un momento inesperado, enfrentar la vergüenza de la comunidad y el posible rechazo de su futuro esposo no fueron cosas fáciles de enfrentar, pero no había duda de que Dios había introducido estos cambios en su vida.

¿Cómo respondió María? "Entonces María dijo: Mi alma engrandece al Señor; Y mi espíritu se regocijó en Dios mi Salvador" (Lucas 1:46,47). ¡María se regocijó! ¡Encontró alegría en sus circunstancias inesperadas! ¿Cómo podemos encontrar gozo en los tiempos de cambio?

¡Busque el gozo! Encontramos gozo en la presencia de Dios (Salmo 16:11). Manténgase fiel en su tiempo con el Señor. No deje escapar lo más necesario.

¡Pida gozo! Pídale a Dios que le permita tener gozo en estas circunstancias (Salmo 51:8). Pídale el gozo y la alegría.

¡Elija el gozo! Elija tener gozo porque usted ama y confía en Dios (Salmo 5:11). Decida que estará gozosa en Su plan.

¡Exprese gozo! Dé gloria a Dios por su gozo (Salmo 32:11). Hable con otros sobre lo que Dios está haciendo en su vida y el gozo que ha encontrado.

¿Qué está enfrentando que ha traído cambios a su vida? ¿Qué hará hoy para encontrar gozo en la historia que está viviendo?

"A veces tiene que dejar de lado la imagen de cómo pensaba que sería la vida y aprender a encontrar gozo en la historia que realmente está viviendo".

\- Raquel María Martín

gozo

Fecha:

Versículos de la Biblia:

Devoción personal:

La aplicación de hoy:

Oraciones:

Bendiciones:

Los Principios del Gozo

Por Rachel Wyatt

"Alegraos en Jehová, y gozaos, justos; dad voces de júbilo a todos vosotros los rectos de corazón".

Salmo 32:11

¡Gozo! ... cuando escucha esa palabra, ¿en qué piensa? ¿Cuál es la diferencia entre el gozo y la felicidad? No importa con quién usted hable en el mundo, todos desean ser felices. Sin embargo, ¿es la gente verdaderamente feliz? Parece que todo el mundo lo busca y no lo encuentra. Tal vez todos están buscando en los lugares equivocados.

Hice una búsqueda en línea de las diferencias entre el gozo y la felicidad y esto es lo que encontré:

La felicidad es una emoción en la que uno experimenta sentimientos que oscilan entre el contentamiento, la satisfacción y la dicha, el placer intenso. El gozo es un sentimiento más fuerte y menos común que la felicidad. Presenciar o lograr la abnegación al punto del sacrificio personal frecuentemente desencadena esta emoción. El sentirse conectado espiritualmente a Dios o a las personas.

La felicidad proviene de las experiencias terrenales o de los objetos materiales. El gozo proviene de las experiencias espirituales, el cuidado de los demás, la gratitud, el agradecimiento. La felicidad es temporal, basada en circunstancias externas. El gozo es duradero, basado en las circunstancias internas. La felicidad se puede experimentar a partir de cualquier buena actividad, comida o compañía. El gozo es un subproducto de un estilo de vida moral. El gozo proviene de servir a los demás, a veces a través del sacrificio sin ganancia personal posible, como ser testigo de la justicia para los menos afortunados o sentirse cerca de Dios.

A la luz de la analogía anterior, un verdadero cristiano no solo debe tener felicidad sino estar continuamente lleno de gozo. ¡Veamos cómo podemos tener verdadero gozo!

El gozo proviene de la abnegación. Filipenses 2:3 dice: "Nada hagáis por contienda o por vanagloria; antes bien, con humildad, estimándoos unos a otros como superiores a sí mismos". Si quiere tener el gozo verdadero, ¡supérese y vaya a hacer algo por alguien más! Deje de pensar en cómo hacerse feliz y comience a pensar en cómo ayudar a los demás. Las personas más felices y alegres son aquellas que viven toda su vida enfocándose en las necesidades de los demás. Me recuerda la canción que cantaba de niña: "La felicidad vino a buscarme cuando comencé a dar felicidad a los demás. La felicidad vino a cazarme cuando comencé a ayudar con todas las necesidades".

El gozo mora en un corazón agradecido. Alguien dijo una vez que el camino más rápido hacia el gozo es el agradecimiento. Un corazón agradecido es un corazón gozoso. ¿Sabía que es imposible estar quejándose, compadeciéndose de sí misma y "deprimida" mientras alabe a Dios y le agradece por todo lo que ha hecho en su vida? Simplemente no puede hacerlo. La alabanza es el vehículo por donde llega el gozo.

El gozo proviene de sentirse cerca de Dios. ¿Sabía que es posible ser salvo y no sentirse "cerca de Dios"? ¿Cómo podemos sentirnos cerca de Dios? Bueno, déjame preguntarle, ¿cómo puede sentirse cerca de su esposo o de su amigo? ¡Pasando tiempo con ellos, por supuesto! Esa es la misma manera en que puede sentirse cerca de Dios. Me asombra la gente que pasa día tras día sin realmente pasar tiempo personalmente con Dios y luego se preguntan por qué "Dios parece tan distante". Si quiere experimentar el gozo verdadero, ¡pase mucho tiempo con el Dador del gozo verdadero!

El gozo es un subproducto de un estilo de vida moral. Si desea tener un gozo profundo y duradero en su vida, debe vivir un estilo de vida moral, no solo en sus acciones externas sino también en sus pensamientos internos. ¿En qué medita? ¿Qué música escucha? ¿Qué películas ve? ¿Son justas y puras? Puede ser que estas cosas están matando su gozo. No puede mirar, escuchar y pensar en la inmundicia de este mundo y esperar tener el gozo del Señor en su vida. Filipenses 4:8 dice: "Por lo demás, hermanos, todo lo que es verdadero, todo lo honesto, todo lo justo, todo lo puro, todo lo amable, todo lo que es de buen nombre; si hay alguna virtud, y si alguna alabanza, en esto pensad". Si siente que le falta alegría, tal vez sería necesita purgar su "lista de programas/películas" (¡o lista de amigos!). Limpie sus pensamientos, sus acciones y observe cómo el gozo se apodera de usted. Fanny Crosby dijo una vez: "Dos de mis secretos para mantenerme feliz y saludable son controlar mi lengua y controlar mis pensamientos. Nunca quiero decir una palabra desagradable. Nunca quiero tener un pensamiento desagradable. Si encuentra a alguien más feliz que yo, quiero que me lo muestre. Mi copa de felicidad está llena hasta rebosar".

Cualquiera puede obtener gozo. ¿Notó usted que ninguna de las cosas anteriores depende de los bienes materiales o incluso de las circunstancias de la vida? No importa lo rica o lo pobre que sea o si la vida le ha "tratado bien" o "le ha dado con mano dura". ¡La alegría no depende de ninguna de esas cosas! Vivo en Tanzania, África Oriental. Mis hermanas de la iglesia y mis amigas viven literalmente en chozas de barro sin electricidad, agua corriente ni muchas otras de las "necesidades básicas de la vida" y, sin embargo, son mujeres alegres. Continuamente se ríen y alaban a Dios por Su bondad sobre ellas. ¿Por qué? Porque aplicar los principios anteriores traerá gozo, sin importar cuáles sean las circunstancias de su vida.

gozo

Fecha:

Versículos de
la Biblia:

Devoción personal:

La aplicación de hoy:

Oraciones:

Bendiciones:

La Decisión es Suya

Anónimo

"Pero alégrense todos los que en ti confían; para siempre den voces de júbilo, porque tú los defiendes: en ti se regocijen los que aman tu nombre".

Salmo 5:11

El Salmo 5:11 nos dice que podemos estar gozosas en el Señor. Sin embargo, esa es una elección que usted tiene que hacer todos los días. Usted es quien tiene el control completo sobre ese gozo. Como mujeres, podemos dejarnos llevar por nuestras emociones o podemos elegir someterlas. Por supuesto, es más fácil poner excusas como "hirieron mis sentimientos" o "esto no salió como yo quería" para justificar por qué no podemos ser felices en un día en particular. Pero, ¿ese es realmente el tipo de mujer por el que quiere ser conocida? ¿La mujer que siempre tiene algo de qué quejarse? ¿La mujer que nunca puede ser feliz porque las cosas simplemente no van como ella quiere? Ciertamente, ¡no quiero que esa sea mi reputación!

Así como usted eligió leer este devocional hoy, debe elegir estar gozosa hoy. No crea las mentiras en las que, si termina ese proyecto u obtiene un aumento de sueldo o simplemente si pone su vida en orden, finalmente será feliz. Si experimentará gozo en esta vida, tendrá que elegirla a pesar de sus circunstancias. No espere a que las cosas mejoren, sean más simples o más fáciles. ¡Aprenda a ser feliz ahora mismo! Si no, se quedará sin tiempo. ¡Elijamos el gozo hoy!

Salmo 51:10-12, "Crea en mí, oh Dios, un corazón limpio; y renueva un espíritu recto dentro de mí. No me eches de delante de ti; y no quites de mí tu Santo Espíritu. Vuélveme el gozo de tu salvación; y el espíritu libre me sustente".

USTED ES QUIEN TIENE
EL CONTROL COMPLETO SOBRE ESE GOZO.

gozo

Fecha:

Versículos de la Biblia:

Devoción personal:

La aplicación de hoy:

Oraciones:

Bendiciones:

El Gozo en Dar

Por Wanda Davidson

"Cada uno dé como propuso en su corazón; no con tristeza, o por necesidad, porque Dios ama al dador alegre".

II Corintios 9:7

Según Noah Webster, "El gozo es un deleite de la mente; un estado glorioso y triunfante". En otras palabras, una condición interior que surge exteriormente como júbilo o gran regocijo.

¿Sintió que se estremecía o tal vez agachó la cabeza al leer esa definición? "¡Ese no es el "estado" en el que estoy!" "¿Cómo puedo estar en ese "estado" con una montaña de ropa para lavar, un sinfín de platos sucios y otro pañal para cambiar?"

Hace años, mi nuera me ayudó con mi perspectiva sobre los platos sucios con una placa para mi cocina. "Gracias Dios, los platos sucios tienen una historia que contar, mientras otros pueden pasar hambre, nosotros estamos comiendo muy bien". Mi amiga, que no tuvo hijos hasta los diez años de casada, me ayudó con el tema del pañal. ¿Cómo mantenemos esta condición interna de "dar con alegría" en lugar de sentirnos abrumadas y desanimadas?"

Primero, abrace la fuente de la alegría. Salmo 16:11b, "...plenitud de gozo hay en tu presencia". ¡El gozo viene cuando estamos seguras en nuestra fe, entendemos que el amor de Dios es incondicional y nos arraigamos en quién es Dios! Comprométase con el "yo quiero" de la alegría. Habacuc 3:18b, "...Me gozaré en el Dios de mi salvación". Isaías 61: 10a, "En gran manera me gozaré en Jehová, mi alma se alegrará en mi Dios; porque me vistió con ropas de salvación...". Permita que el Espíritu Santo haga crecer esos frutos internos (amor, gozo, paz) que se encuentran en Gálatas 5.

En segundo lugar, dese cuenta de que Dios nos creó a Su imagen. Si nos esforzamos a ser semejantes a Él, cambiará nuestros pensamientos acerca de los demás, nuestras acciones hacia los demás y lo que es importante en nuestras vidas. ¿No está contenta que Dios dio? "Porque tanto amó Dios al mundo (sin excepciones) que dio a su Hijo unigénito..." (Juan 3: 16a). ¡Jesús dio Su vida! Hebreos 12:2b, "...quien por el gozo puesto delante de él, soportó la cruz..." ¡Lea Efesios 2:4-10 para darse un impulso de alegría hoy!

Por último, practique dar al diario y coseche alegría en su interior. II Corintios 9:7c "...Dios ama al dador alegre". Si doy mis diezmos y ofrendas con una oración y un deseo en mi corazón de que alguien sea salvo, seré un dador alegre. Si le digo al niño pequeño con la nariz sucia y el cabello despeinado que tiene una hermosa sonrisa en lugar de alejarme disgustada, seré una dadora alegre. (¡Puede que le haya dado el único cumplido que recibirá hoy o nunca!) ¡Sea una dadora! Regale una sonrisa, un cumplido, el respeto o la compasión. ¡Busque maneras de dar! Lucas 6: 38a, "Dad, y se os dará...". Jesús dijo en Juan 15:11: "Estas cosas os he hablado para que mi gozo permanezca en vosotros, y vuestro gozo sea completo". ¡Sea como Jesús hoy!

gozo

Fecha:

Versículos de la Biblia:

Devoción personal:

La aplicación de hoy:

Oraciones:

Bendiciones:

El Gozo en Servir

Por Ruth Weaver

"Estas cosas os he hablado, para que mi gozo esté en vosotros, y vuestro gozo sea cumplido".

Juan 15:11

He escuchado toda mi vida: "Primero Jesús, después otros, y por último uno mismo".

Muchas veces lo cambiamos y nos ponemos primero a nosotras mismas, luego a los demás y por último a Jesús. Así no se puede tener gozo. El gozo viene cuando Él es primero, y lo servimos con todo nuestro corazón en las buenas y en las malas. He descubierto a lo largo de mi vida, que cuando el gozo se ha ido de mi vida, es porque me he olvidado de leer mi Biblia, orar y meditar en Él. Josué 1:8 dice: "Este libro de la ley nunca se apartará de tu boca; sino que de día y de noche meditarás en él, para que guardes y hagas conforme a todo lo que en él está escrito; porque entonces harás prosperar tu camino, y todo te saldrá bien".

Cuando pone a Jesús primero en su vida y a los demás en segundo lugar, no tendrá tiempo para ser egoísta. Muchas veces en el ministerio, la gente se vuelve tan egoísta que pierde el gozo. ¡Deje de quererlo todo para sí y empiece a ayudar a los demás! Piense en algo que pueda hacer por alguien esta semana. Cuando usted se concentra en sí misma, pasará por la depresión y el desánimo. El diablo quiere esto en su vida. No puede servir a Dios de la manera correcta cuando siempre está pensando en sí misma. Otros le necesitan. ¡Su iglesia le necesita! Distribuya folletos, invite a alguien a la iglesia, ayude y participe en un proyecto, manténgase disponible para servir, y sea fiel en la obra del Señor. Como esposa del pastor en una iglesia pequeña, sea el gozo que se da y se recibe cuando todos trabajamos juntos para aligerar una carga. Sea la que viene y sirve en su iglesia. Su servicio es muy necesario. Como miembro de la iglesia, no debe permitir que el pastor o la familia del pastor haga todo el trabajo. Deben saber que usted está siempre dispuesta y disponible para ayudarlos y alentarlos. Ese es un servicio que puede hacer; y no solo obtiene alegría al hacerlo, sino que trae alegría a los demás. Tal vez usted dice: "No puedo hacer mucho porque tengo problemas físicos u otras cosas". Recuerde que todo lo que hace para ayudar en el ministerio, le permitirá a su pastor "… dar cuenta, para que lo hagan con alegría, y no gimiendo, porque eso no os es provechoso" (Hebreos 13:17b). La iglesia no pertenece solo al Pastor. ¡Es su lugar también!

    Nuestra familia canta una canción llamada "La alegría de servir a Jesús"; cuando sirva a Jesús con todo su corazón, definitivamente tendrá el gozo verdadero.

    ¿Tiene gozo sirviendo a Jesús o es egoísta sirviéndose a sí misma?

    ¿Inventa excusas por las que no puede servirle?

    Intente hoy ayudar a alguien. Cuéntele a alguien acerca de Jesús y cómo le salvó del infierno.

    ¡Desee tener gozo y mostrar a otros la diferencia que Jesús ha hecho en usted!

gozo

Fecha:

Versículos de la Biblia:

Devoción personal:

La aplicación de hoy:

Oraciones:

Bendiciones:

Escoger el Gozo Verdadero

Por Kaylena Cinereski

"...Porque el gozo de Jehová es vuestra fortaleza"

Nehemías 8:10d

¡Muchas veces en mi vida siento cosas buenas como la felicidad, la emoción, el contentamiento y la bienaventuranza, pero ¿dónde empiezo a captar este inquebrantable y verdadero gozo del Señor, que puede permanecer firme en mi vida y es mi fortaleza? Puedo decirme a mí misma una y otra vez: "¡Solo ten alegría!". ¡Pero eso es difícil de lograr! Porque esta vida me puede aventar tantas cosas. ¡Mi respuesta a las circunstancias puede alterarse como el viento! ¿Cómo puedo tener constantemente ese gozo que finalmente será mi fortaleza? Esta es una pregunta que me he hecho muchas veces. He temido que nunca pueda lograr tener este gozo. Porque nunca pareció cumplirse.

Hubo un tiempo en mi vida cuando me sentía derrotada en esta área de no tener gozo. ¡Sentía que era imposible! ¡Realmente lo estaba intentando! ¿Por qué no puedo sentirlo? ¡Todo lo que sentía era completamente contrario a la alegría! ¡Llegué al punto de sentirme sin esperanza, al final de mí misma, donde lo único que podía hacer era pedirle a Dios que me ayudara y me mostrara lo que tenía qué hacer! Y qué bueno es Él para responder a Sus Hijos. ¡Él ama a los suyos y quiere que vivamos en victoria! Dios fue tan bueno al recordarme que no puedo tener el verdadero gozo con mis propias fuerzas, y que estaba tratando de lograrlo por mi cuenta. Sólo encontraría la felicidad temporal del día a día que se desvanecía con cualquier disgusto, para luego conducirme al desánimo. ¡Estaba esforzándome tanto por tener esa alegría, pero confiando en MÍ misma para obtenerla! ¡Si solo confiara en Él y en Su fuerza para darme este gozo, entonces estaría verdaderamente llena de gozo! Romanos 15:13, "Y el Dios de la esperanza os llene de todo gozo y paz en el creer, para que abundéis en esperanza por el poder del Espíritu Santo".

Puede ser tan fácil desanimarse, deprimirse, lastimarse, ofenderse y la lista continúa. ¡Me doy cuenta ahora, solo por Su gracia, que es necesario que haga todo en el poder y la fuerza de Dios! ¡Finalmente entendí que caminar con Dios es esencial en esta vida cristiana! No puedo tener gozo sin Él; por lo tanto, no puedo lograr tener alegría sin tener una relación y caminar al diario con Él. Sólo entonces vendrá la verdadera obra de tener el gozo del Señor. Santiago 4: 8a- "Acercaos a Dios, y él se acercará a vosotros..." ¡Y cuán cierta es Su palabra! ¡Cuánto más camino con Él, lo busco y hablo con Él, más me muestra y más gozo encuentro en Él del que estoy llena! ¡Un verdadero gozo que dura! ¡Porque Él es mi gozo y mi FORTALEZA! Tenemos la opción de elegir el gozo o no. ¡El cuál solo se cumplirá sintiéndolo a través del Señor Jesucristo!

"Pero alégrense todos los que en ti confían; para siempre den voces de júbilo, porque tú los defiendes; En ti se regocijen los que aman tu nombre" Salmo 5:11.

gozo

Fecha:

Versículos de la Biblia:

Devoción personal:

La aplicación de hoy:

Oraciones:

Bendiciones:

El Gozo en Servir a Jesús

Por Angie Marco

"Deléitate asimismo en Jehová, y Él te concederá las peticiones de tu corazón".
Salmo 37:4

Cuando pienso en todas esas cosas que no puedo controlar, el miedo a lo desconocido y la preocupación entran en acción. No estoy segura si usted es como yo, pero cuando esto sucede, todos los escenarios de "¿qué pasaría si...?" comienzan a inundar mi mente. Muchas veces estos pensamientos tratan de apoderarse de mi paz y mi gozo. Si lo permito, tomarán el control de mi espíritu. "Porque no nos ha dado Dios un espíritu de temor..." (II Timoteo 1:7). El diablo sabe que nuestro gozo es valioso. ¡Él hará todo lo que esté a su alcance para quitárnoslo!

Servir en Filipinas ha aumentado enormemente mi fe en Dios. Nuestra familia vino aquí con muy poco apoyo. Durante nuestros primeros años en el campo, aprendimos a prescindir de algunas cosas que ahora consideramos como lujos. Cosas que a veces damos por poco como el aire acondicionado, el agua caliente, la lavadora, la secadora y un vehículo. Hubo muchas veces en las que solo quería llorar y quejarme. Mi mayor pregunta fue: "¿Lo lograremos esta semana?" Estaba dejando que el miedo a lo desconocido se apoderara de mi gozo y me llenara de la preocupación. ¡Tuve que aprender a confiar en que Dios proveería! A través de los años, he visto a Dios proveer para nuestra familia de las maneras más asombrosas. El gozo que proviene de saber que "Dios hizo eso por mí" es incomparable.

A menudo me comparaba con otras esposas de misioneros que podían permitirse el lujo de tener una hermosa casa, una lavadora, una secadora, un vehículo personal y un ministerio próspero. Sentía que no podía ser perfecta como la esposa misionera, madre, ama de casa y trabajadora del ministerio. ¡Realmente tuve que detenerme! Pensar y pensar constantemente en mis miedos, preocupaciones y necesidades, me hacía olvidar por qué estábamos aquí en primer lugar. "...a vendar a los quebrantados de corazón, a publicar libertad a los cautivos, y a los presos apertura de la cárcel;" (Isaías 61:1).

Había mucho más que me estaba perdiendo. Comencé a mirar a las personas que empezaron a asistir a los servicios de nuestra iglesia y sus necesidades. Los niños que venían a nuestra puerta. ¡Y empecé a enamorarme de cada uno de ellos! "Mis ojos contristaron mi corazón..." (Lamentaciones 3:51). Salir a ganar almas y visitar, me abrió los ojos a una necesidad mucho más profunda. ¡Me cambió! He aprendido que cuando comienza a pensar en los demás y en sus necesidades, sus propias necesidades se vuelven pequeñas e insignificantes. Ser la respuesta a la oración de otra persona trae un tipo de alegría muy especial. Servir a las personas que me rodean me hizo darme cuenta de lo bendecidos que somos en verdad.

Decidí que no dejaría que mis circunstancias me robaran la alegría. "...glorificad pues a Dios en vuestro cuerpo y en vuestro espíritu, los cuales son de Dios" (I Corintios 6:20). El diablo les mentirá y les hará creer que su gozo no vale nada. Pero el gozo es algo que tenemos que guardar y proteger; mantenlo firme. "...si retenemos firme hasta el fin la confianza y la gloria de la esperanza" (Hebreos 3:6).

Nuestra familia pasó por momentos difíciles, pero yo no quería ser la razón por la que no pudiéramos llegar al campo misionero. No quería desanimar a mi esposo por mi falta de fe. ¡Quería ser su mayor ánimo! Sabía que tenía que empezar a hablar con Dios más que nunca. "Echando toda vuestra ansiedad sobre Él; porque Él tiene cuidado de vosotros" (I Pedro 5:7). Empecé a decirle al Señor lo que estaba en mi corazón. "Por nada estéis afanosos, sino sean conocidas vuestras peticiones delante de Dios en toda oración y súplica, con acción de gracias" (Filipenses 4:6). Fue entonces, cuando Él llegó a ser mucho más para mí. ¡Él es mi gozo! "Mas el fruto del Espíritu es amor, gozo, paz, paciencia, benignidad, bondad, fe, mansedumbre, templanza..." (Gálatas 5:22-23). Cuando lo tenemos a Él, lo tenemos todo. ¡Él es suficiente! Las circunstancias difíciles de la vida ayudan a aumentar nuestro amor, gozo, paz, fe, mansedumbre y templanza.

Mi oración era que el Señor me ayudara a ser lo que mi familia necesitaba y que pudiéramos ser una bendición para las personas que nos rodean. "Porque Dios no es injusto para olvidar vuestra obra y trabajo de amor..." (Hebreos 6:10). Después de nueve años en el campo misionero, Dios ha provisto las finanzas para que podamos vivir en una casa con aire acondicionado. ¡Me siento consentida de poder tener una lavadora, una secadora, nuestro propio vehículo e incluso duchas calientes ahora! Sé que, para muchas personas, estas cosas no son gran cosa. Pero para mí, estas cosas son abrazos de Dios. ¡Estas son bendiciones! "Deléitate asimismo en Jehová; y Él te concederá las peticiones de tu corazón" (Salmo 37:4). Ha sido asombroso ver la mano de Dios en nuestra vida y ministerio. Hay gozo en servir a Jesús. No es solo un cliché. ¡Es triste que demasiadas personas pierdan el tiempo buscando el gozo en lugares vacíos!

gozo

Fecha:

Versículos de la Biblia:

Devoción personal:

La aplicación de hoy:

Oraciones:

Bendiciones:

El Gozo en los Momentos Pequeños de la Vida

Por Grace Shiflett

"En gran manera me gozaré en Jehová, mi alma se alegrará en mi Dios:"

Isaías 61: 10a

Muchas veces, en el ajetreo y las ocupaciones de la vida, no nos tomamos el tiempo para reconocer que cada momento pequeño que se nos da, es una oportunidad para vivir en el gozo del Señor. Como hijas de Dios nacidas de nuevo, tenemos mucho de qué regocijarnos. Tómese el tiempo para no andar tan de prisa y disfrutar de lo que parecen ser pequeños momentos insignificantes. Para vivir en un estado continuo de gozo, es posible que tengamos que dejar de lado algunas distracciones que posiblemente se hayan convertido en cargas en nuestra vida (Hebreos 12:1). Deje sus distracciones y dé espacio a vivir con gozo cada momento.

Sé personalmente que lucho con una mente dispersa en todo lo que llega a diario. Y si no tenemos cuidado, estableceremos un patrón de vida como de un robot. Con tantas cosas sucediendo en nuestros locos horarios, no podemos mirar alrededor y asimilar todo con gozo. ¡Cada momento que tenemos es un regalo! Ese solo pensamiento debería motivarnos con el deseo de no dar por poco todos los momentos felices. Si no tengo cuidado, estaré tan ocupada con mi vida diaria que al final del día, miraré mi día y me daré cuenta de que ni siquiera una vez viví en la plenitud del gozo. ¡El Señor quiere que Sus hijos experimenten el gozo! Si elegimos el gozo, podemos hacer con éxito nuestras responsabilidades diarias y mantener un corazón gozoso.

¿Se ha preguntado alguna vez por qué nos debilitamos en nuestra fe? Tal vez nos hemos olvidado que el gozo del Señor es nuestra fortaleza (Nehemías 8:10). Con cada día nuevo que se le da, trate de adquirir el hábito de elegir vivir en el gozo a través de Cristo. La definición del gozo es "un sentimiento de gran placer y felicidad". La vida es demasiado corta para no elegir vivirla con gozo.

Pídale a Dios diariamente que renueve su corazón y su mente en esta área. Podemos estar de acuerdo en que una vida feliz es el deseo que todas tenemos. Pero esa vida solo comenzará cuando aprendamos a vivir con gozo en cada momento pequeño que se nos da.

gozo

Fecha:

Versículos de la Biblia:

Devoción personal:

La aplicación de hoy:

Oraciones:

Bendiciones:

Encontrar el Gozo en Su Etapa de Vida

Por Kelly Gray

"No lo digo porque tenga escasez; pues he aprendido a contentarme, cualquiera que sea mi situación. Sé tener escasez, y sé tener abundancia; en todo y por todo estoy enseñado, así para hartura, como para hambre; para tener abundancia, como para padecer necesidad. Todo lo puedo en Cristo que me fortalece".

Filipenses 4:11-13

Cuando era niña, recuerdo que me preguntaban: "¿Qué quiere ser cuando sea grande?" Y yo respondía: "Una misionera, enfermera y esposa de pastor". Han pasado algunos años desde que se me hizo esa pregunta por primera vez; en realidad, un poco más de cincuenta años. Poco sabía que de una u otra forma, Dios me permitiría cumplir los anhelos de mi corazón. Mi esposo y yo hemos trabajado con jóvenes por más de veinte años, ¡y definitivamente ese es un campo misionero! Dios también nos dio un niño pequeño con necesidades especiales cuatro años después de nuestro matrimonio, RG Gray. Él ahora tiene treinta años, y al momento de escribir este devocional, ha tenido veintisiete tipos diferentes de cirugías. Luego,

NECESITAMOS ESTAR CONTENTOS Y ENCONTRAR EL GOZO EN LA ETAPA EN QUE DIOS NOS HA PUESTO.

hace casi trece años, mi esposo llegó a ser pastor de la iglesia en la que ambos crecimos. ¡Increíble la etapa en que estamos ahora!

Decir que todos esos sueños cumplidos han sido fáciles y que siempre los hemos transitado con gracia, sería falso. ¡Trabajar con los jóvenes es difícil y ser enfermera para nuestro hijo RG ha tenido sus tristezas y alegrías, pero no lo cambiaría por nada en el mundo!

Uno aprende rápidamente que tiene que ser feliz en "cualquier estado" en el que Dios le haya puesto. Muchas veces estamos buscando que suceda algo grande y emocionante en nuestras vidas. Necesitamos estar contentos y encontrar el gozo en la etapa en que Dios nos ha puesto. Una pareja de recién casados debe contentarse en disfrutar juntos antes de formar una familia y estar muy ocupados con las preocupaciones del trabajo y el cuidado de la casa. El otro día, estaba hablando con una madre joven que lleva y recoge a sus hijos de la escuela. La miré y le dije: "¡Disfrute estos días, porque los extrañará!". Luego vienen los nietos, pasando la noche, haciendo actividades en la escuela, vendiendo dulces.

Pero tal vez ese no era el plan de Dios para su vida. Tal vez Él decidió que necesitaba estar soltera. Puede pasar mucho más tiempo con Él que el resto de nosotras. Puede invertir su vida en ayudar y animar a otros. Puede llegar un día en que su cuerpo no le permita salir y hacer las cosas que antes hacía. Mire esto como una etapa en la que puede pasar más tiempo con Dios en oración por las necesidades de los demás. Me encanta cuando recibo un mensaje de texto o un abrazo de un miembro mayor de la iglesia y me pregunta: "¿Cómo puedo orar por usted?".

Últimamente me he preguntado: "¿Estoy disfrutando la etapa en la que Dios me tiene?" Disfrute de su etapa ahora mismo... ¡todo cambia tan rápido! Todos tenemos nuestra estación favorita. Nací en Hawái y siempre he disfrutado más la primavera, porque es la época del año en Texas que más me recuerda de Hawái. Algunas temporadas las disfrutamos más que otras y no podemos esperar a que lleguen, pero disfrute la etapa en la que se encuentra, aproveche cada momento. ¿Qué está tratando de enseñarle Dios? ¿A quién puede ayudar a través de su tragedia? ¿Quiere Dios que pase más tiempo con Él?

Cuánto más envejezco, más me doy cuenta de que Dios solo quiere lo mejor en mi vida. Él me fortalece y me permite pasar por las pruebas y por el fuego para purificarme y hacerme salir al otro lado más precioso que el oro. ¡Mire la etapa en la que Dios le ha puesto como un tiempo de aprendizaje y abrácela!

gozo

Fecha:

Versículos de la Biblia:

Devoción personal:

La aplicación de hoy:

Oraciones:

Bendiciones:

La Fórmula Para el Gozo

Por Larissa Bell

"Me mostrarás la senda de la vida: Plenitud de gozo hay en tu presencia; delicias en tu diestra para siempre".

Salmo 16:11

Desde mi niñez escuché que la fórmula del gozo es: "Jesús, Otros, Usted". La Biblia apoya esta enseñanza, ya que encontramos muchos ejemplos y mandamientos a lo largo de las Escrituras para amar y estimar al Señor y a los demás, incluso a nuestros enemigos, por encima de nosotros mismos (Deuteronomio 6: 5, Mateo 5:44, 22: 37-40). La ciencia también respalda el hecho de que ayudar a los demás y tener un sentido de propósito, como el que se tiene cuando se sirve en un ministerio, da como resultado una mejor resiliencia y alegría en momentos de estrés y sufrimiento.

Sin embargo, para los cristianos como yo, servir activamente a los demás puede ser fácil, pero no siempre trae gozo. ¿Recuerda a Marta en Lucas 10:40? Estaba afanada en servir a Jesús y a los otros invitados en su casa. Estar afanada no suena gozoso, ¿verdad? A veces, al servir a los demás, se vacía nuestro tanque de amor cuando sentimos que nadie nos corresponde o comparamos lo que estamos haciendo con lo que otros no están haciendo.

¡La comparación es el ladrón del gozo!

La comparación en un plano horizontal es el asesino del gozo. La comparación en un plano vertical es en realidad un componente importante para encontrar el gozo. Pensé en otro acrónimo para decir cuando estoy luchando para amar incondicionalmente y servir al Señor con alegría (Salmo 100:2).

Jesús, solamente Usted.

Cuando llevo cautivos mis pensamientos de la ingratitud, la falta de amor y la tristeza y me enfoco en todo lo que Jesús ha hecho por mí, encuentro gozo (II Corintios 10: 5, Isaías 26:3). Podemos animarnos en el Señor como lo hizo David, el salmista, y servir a los demás, no para ellos, sino como si estuviéramos sirviendo a Jesús mismo (I Samuel 30:6, Colosenses 3:23). Dedicándome la Biblia para leer más sobre los atributos de Dios, permanecer en Su presencia y servirlo a Él y no a otros nos ayudará a encontrar "la plenitud de gozo" y "los placeres para siempre".

Un desafío: ¿Qué áreas de servicio se sienten un poco secas o tristes en su vida? Ya sea su servicio en un ministerio en la iglesia, como esposa o madre, o en su lugar de trabajo, haga una lista de cinco cosas que Jesús ha hecho por usted en el último mes, sin importar cuán pequeñas o grandes sean. Sé que puede ser difícil si su espíritu está seco, pero pídale a Dios que le abra los ojos. Él hace tantas cosas por usted todos los días, pero ¿está fallando en darse cuenta, igual a las personas a las que sirve? ¡Luego haga una lista de cinco atributos de Dios en los que puede reflexionar cuando comience a sentirse triste la próxima vez!

gozo

Fecha:

Versículos de la Biblia:

Devoción personal:

La aplicación de hoy:

Oraciones:

Bendiciones:

¿Cuál Gozo?

Por Beverley Wells

"...porque día santo es a nuestro Señor; y no os entristezcáis, porque el gozo de Jehová es vuestra fortaleza".

Nehemías 8:10b

Cuando me pidieron que participara en este devocional, comencé a examinarme a mí misma y a preguntarme: "¿Cuál gozo?"

Para superar mi propia definición del gozo, recurrí al diccionario donde encontré que el gozo es un sentimiento de gran placer y felicidad. Sin embargo, ¿es realmente ese gozo lo que buscamos en nuestra vida cristiana?

El gozo, estoy segura, viene en muchos paquetes diferentes, luciendo diferentes para todo tipo de persona. El gozo para este mundo perdido, ignorante y moribundo puede parecerse a un viaje al parque de diversiones o incluso a un subidón psicótico que proviene de una botella de bebida alcohólica vacía o de algún tipo de droga. ¿Podría ser unas vacaciones planeadas en las que uno gasta el dinero que no tiene en entretenimiento sin fin que lo deja exhausto? ¿Podría encontrarse en relaciones dañinos qué son tan temporales? ¿Es eso gozo? Quisiera que vuestro gozo, como el mío, viniera de lo eterno.

LA DEFINICIÓN BÍBLICA DEL GOZO SE EXTIENDE MÁS ALLÁ DE UN SIMPLE SENTIMIENTO DE PLACER Y FELICIDAD.

La definición bíblica del gozo se extiende más allá de un simple sentimiento de placer y felicidad. El gozo bíblico depende de quién es Jesús más que de quiénes somos nosotros o de lo que sucede a nuestro alrededor. Este gozo viene del Espíritu Santo, de permanecer en la presencia de Dios y de la esperanza que se encuentra en Su Palabra.

Dado que la definición bíblica describe claramente qué y de dónde viene el gozo, podemos confiar en el aspecto eterno de dónde podemos obtener el gozo. El gozo sólo vendrá de una vida consagrada a Dios y a la santidad. Entonces, debemos, con gran vigor, avanzar hacia una relación con Cristo en la oración, en Su Palabra y en el servicio. ¡Qué nada flaquee!

Por supuesto, eso no nos hace exentos de las luchas de la vida, pero definitivamente nos da una roca sobre la cual pararnos. Entonces, cuando la vida trata de robarle el gozo por los trabajos que hace, las críticas que recibe, los demás que pueden estar celosos de usted, recuerde Nehemías 8:10. ¡El "gozo del Señor" es vuestra fuerza y usted debe permanecer en la Roca!

A todas las madres que están luchando, ¡la lucha es real! Lo sé, porque soy madre y tengo cinco hijos. Puede estar luchando por mantenerse a flote, y mucho menos en la Palabra. Le imploro qué siga adelante, criando y formando a sus hijos con alegría en su corazón. Haga grande a Dios, siempre encaminándolos, no empujándolos, a Cristo. A su debido tiempo, el gozo florecerá como nunca antes. Viniendo del corazón de una madre, la Escritura no podría ser más cierta. III Juan 1:4 dice: "No tengo mayor gozo que el oír que mis hijos andan en la verdad".

Cuando miro a cada uno de mis hijos y sus familias sirviendo a Dios en sus propias vidas, puedo decir verdaderamente: "¡Qué gozo!" ¡Tengo lo que es indecible, más allá de mis sueños más increíbles, y sí, eternal! Ahora sirven a un Dios personal, no al de su padre ni al mío. Él es su Salvador y Señor. ¡Alabado sea el Señor!

Por último, al comprometer su vida a Cristo en toda área de la salvación, la santificación y el servicio, cuando otros lo vean, puedan decir: "¡Qué gozo!"

¡El gozo es una de las marcas más inconfundibles de un corazón fiel! Filemón 1:7, Juan 16:22, Hebreos 12:2, Salmo 16:11, Gálatas 5:22-23, Salmo 95:1-2, Deuteronomio 28:47-48.

gozo

Fecha:

Versículos de la Biblia:

Devoción personal:

La aplicación de hoy:

Oraciones:

Bendiciones:

Los Ayudantes de Nuestro Gozo

Por Rikki Beth Poindexter

"Mas los justos se alegrarán; se gozarán delante de Dios, y saltarán de alegría".

Salmo 68:3

"Cuando quiero más gozo, lo que realmente quiero es más de Jesús. El gozo es simplemente el letrero que nos apunta a Jesús". Desconocido

¡Los que pertenecen al Señor deben tener gozo! La felicidad es el resultado de nuestros acontecimientos o circunstancias. El gozo (alegría del corazón) puede y debe permanecer, independientemente de nuestros acontecimientos. Solo hay que mirar los acontecimientos del Apóstol Pablo: golpeado, naufragado, encarcelado, sin embargo, escribió sobre el gozo. Solo en el libro de Filipenses, la palabra "gozo" o "regocijo" se usa dieciocho veces en cuatro capítulos. "Alegraos EN el SEÑOR". Encuentre su gozo en Él. Es una decisión, nuestra decisión. Ahora, quiero compartir con ustedes algunos "ayudantes para nuestro gozo".

En primer lugar, tenga fe en el Señor, confíe en Él. Como creyentes, si pudimos confiar en Él para salvar nuestra alma, deberíamos poder confiar en Él por el resto de nuestra vida. Dudar de Él no ayuda a nuestro gozo. Salmo 5:11 dice: "Pero alégrense todos los que en ti confían; para siempre den voces de júbilo, porque tú los defiendes; en ti se regocijen los que aman tu nombre".

En segundo lugar, enfóquese en el Señor, pase tiempo con Él en oración y en Su Palabra. Pasamos tiempo con las personas y las cosas que amamos. Descuidar estos maravillosos momentos de intimidad con nuestro Salvador no ayudará con nuestro gozo. Salmo 16:11 dice: "Me mostrarás la senda de la vida; plenitud de gozo hay en tu presencia; delicias en tu diestra para siempre".

En tercer lugar, siga al Señor, sea obediente a lo que Él le ha pedido. La desobediencia nos roba el gozo. Juan 15:11 dice: "Estas cosas os he hablado para que mí gozo este en vosotros, y vuestro gozo sea cumplido".

Por último, deje que Él le satisfaga, esté contento con lo que Él le ha dado. No esté codiciando a los demás: su apariencia, sus posesiones, su vida, etc. Esté agradecida por lo que tiene. El gozo es el mejor maquillaje. Alguien dijo una vez: "No es la alegría lo que nos hace sentir agradecidos. Es la gratitud que nos hace felices". Filipenses 4:4 dice: "Regocijaos en el Señor siempre; otra vez digo: Regocijaos". El motivo del gozo es conocer, confiar en y amar al Señor. Sea obediente a Él y conténtese con lo que Él le ha dado. Si no tiene gozo, hágase estas preguntas: ¿Conozco al Señor? ¿Estoy dudando de Él? ¿Lo amo? ¿Soy obediente a las Escrituras? ¿Estoy agradecida? Cuando siento que mi gozo (alegría de corazón) se desvanece, al menos una de estas cosas se está descuidando.

*Estudie a través de la Palabra de Dios y mientras la lee, resalte o marque con un color específico las palabras "gozo" o "regocijo". *

gozo

Fecha:

Versículos de la Biblia:

Devoción personal:

La aplicación de hoy:

Oraciones:

Bendiciones:

La Plenitud de Gozo

Por Renee Patton

"Me mostrarás la senda de la vida; Plenitud de gozo hay en tu presencia; delicias en tu diestra para siempre".

Salmo 16:11

El Salmo 16, personalmente, es un capítulo muy querido para mí por muchas razones y he tomado el versículo 11 como el versículo de mi vida. Mientras estaba en el Instituto Bíblico, este capítulo abrazó mi corazón mientras estaba en una encrucijada. Mi esposo y yo buscábamos la dirección de Dios para el ministerio. Sabíamos que Él nos guiaría según comienza el versículo 11: "Me mostrarás la senda de la vida...". Dios prometió mostrarnos la senda ¡y lo hizo! Servimos ocho años maravillosos en una iglesia, luego mi esposo sintió el empujón de Dios para seguir adelante. ¡Lo cual hicimos, y aquí es donde realmente tuve que aprender dónde encontrar mi gozo!

¡Me encanta enseñar, servir y hacer abundantemente en la iglesia! Siempre encuentro gozo en dar y hacer por los demás. Sin embargo, de eso no proviene el verdadero gozo. Después de dos meses cortos pero largos en nuestra nueva iglesia, era evidente que necesitábamos seguir adelante. Nueve meses después, hicimos exactamente eso, aunque ese período de nueve meses nos enseñó muchas lecciones a ambos. Hablando por mí, estaba perdiendo lentamente mi gozo. Cada vez me resultaba más difícil asumir mis responsabilidades y sonreír genuinamente. Decidí que necesitaba buscar al Señor fervientemente a través de más oración y tiempo en la Biblia. Aquí es donde redescubrí, "...Plenitud de gozo hay en tu presencia; delicias en tu diestra para siempre" (Salmo 16:11b). Me sentía sola, desanimada y desilusionada; sin embargo, por mi familia y por mi bien, tenía que encontrar mi gozo nuevamente. Aquí es donde comencé a escribir un diario. Escribía mis pasajes, leía un versículo en el que Dios me mostraba algo nuevo y hablaba con Dios a través de palabras. ¡Me gusta desahogarme! Entonces, escribir era mi medio de desahogarme con Dios.

Esto creó un aspecto nuevo y revivido en mi caminar con Dios. ¡Pude acercarme una vez más a Dios y renovar mi gozo! Se puede encontrar gozo a pesar de las circunstancias, personas, cosas o preocupaciones. Dios promete nunca dejarnos. Su bondad siempre traerá "¡plenitud de gozo!"

Y usted, ¿Dónde encuentra su "plenitud de gozo"?

gozo

Fecha:

Versículos de la Biblia:

Devoción personal:

La aplicación de hoy:

Oraciones:

Bendiciones:

Encontrar el Gozo en el Viaje

Por Hannah Kasprzyk

"Con tal que acabe mi carrera con gozo, y el ministerio que recibí del Señor Jesús..."
Hechos 20:24b

La vida es como un viaje, y Dios tiene el mapa. Él ha planeado especialmente una ruta para su vida. A veces, a lo largo del camino, esta ruta puede volverse más largo de lo que esperaba y se impacienta por llegar a su destino. En su razonamiento humano, mira las vidas de los que le rodean y espera que el ritmo de su vida sea como el de ellos. Se olvida de confiar en el hermoso plan, individualizado por Dios solo para usted (I Corintios 2:9). Si no tiene cuidado, puede pasar mucho tiempo de su vida anhelando el próximo paso de su camino, que se olvida de tener gozo en el viaje. El gozo es una elección diaria y deliberada. El Diccionario Webster de 1828 define el gozo como "pasión o emoción excitada por la adquisición o expectativa de un bien". El gozo viene del interior y trae la satisfacción verdadera y duradera al corazón. ¿Cuáles son algunas cosas que le puedan ayudar a encontrar el gozo sin importar dónde se encuentre en su viaje?

Primero, encuentre el gozo en Dios. Pasar tiempo en Su presencia deleitándose en quién Él es y lo bueno que ya ha sido consigo trae gozo (Salmo 16:11, 35:9, 43:4). ¿Se has detenido a agradecerle por lo que ya ha hecho en su vida? Comience un "diario de bendiciones" para recordar cuán maravilloso es su Dios (Salmo 103). En segundo lugar, encuentre el gozo en los demás. Invierta en lo que tiene ahora en vez de desperdiciar toda su energía anhelando lo que no tiene. En el plan perfecto de Dios, Él le tiene en el lugar donde está por una razón. ¿A quién ha puesto Él en su camino para que marque la diferencia? Hay oportunidades de oro frente a usted; no las desperdicie. Rétese a orar por otra persona y sus luchas. No hay nada más alentador que ver a Dios responder a las oraciones y saber que tuvo parte en esas victorias. En tercer lugar, encuentre el gozo dentro de sí misma. El gozo no proviene de sus circunstancias externas, sino de interiormente aceptar y estar contenta en el lugar donde Dios le tiene. ¿Qué lecciones está tratando de enseñarle Dios el día de hoy que harán que Su destino sea mucho más dulce para usted? Encuentre versículos que hablan a su espíritu y exhíbalos en lugares donde pueda meditarlos. Rinda su voluntad al plan de Dios y al tiempo de Dios (Proverbios 3:5-6 y Salmo 37:4-5, 23).

Elegir el gozo es algo que tendrá que hacer todos los días. ¿Tendrá emoción y expectativas en el camino en que Dios le ha puesto? ¿O será esa niña impaciente en el asiento de atrás quejándose: "¿Ya casi llegamos?" Determine encontrar gozo en el viaje de su vida.

gozo

Fecha:

Versículos de la Biblia:

Devoción personal:

La aplicación de hoy:

Oraciones:

Bendiciones:

El Gozo del Señor Es Su Fortaleza

Por Kathy Lane

"Puestos los ojos en Jesús, el autor y consumador de la fe, el cual, por el gozo puesto delante de Él sufrió la cruz, menospreciando la vergüenza, y se sentó a la diestra del trono de Dios".

Hebreos 12:2

Cuando pienso en el gozo, naturalmente pienso en los sentimientos de bienaventuranza o en una posición de satisfacción. Los versículos que me vienen a la mente son Lucas 2:10 "...nuevas de gran gozo..." y I Juan 1:4 "...para que vuestro gozo sea cumplido..." ya que describen nuestras percepciones normales del gozo. No hay nada necesariamente malo con ese concepto de gozo, pero las verdaderas características del gozo son mucho más profundas que solo la representación externa. Miremos la definición griega de la palabra gozo. De acuerdo con la Concordancia de Strong, el gozo ("chara" original) se define como: "gozo, es decir, deleite tranquilo; alegría". Esta definición ciertamente parece ser aplicable a nuestra definición de gozo en los versículos anteriores; pero ¿qué sucede cuando llega a Hebreos 12:2? "Puestos los ojos en Jesús, el autor y

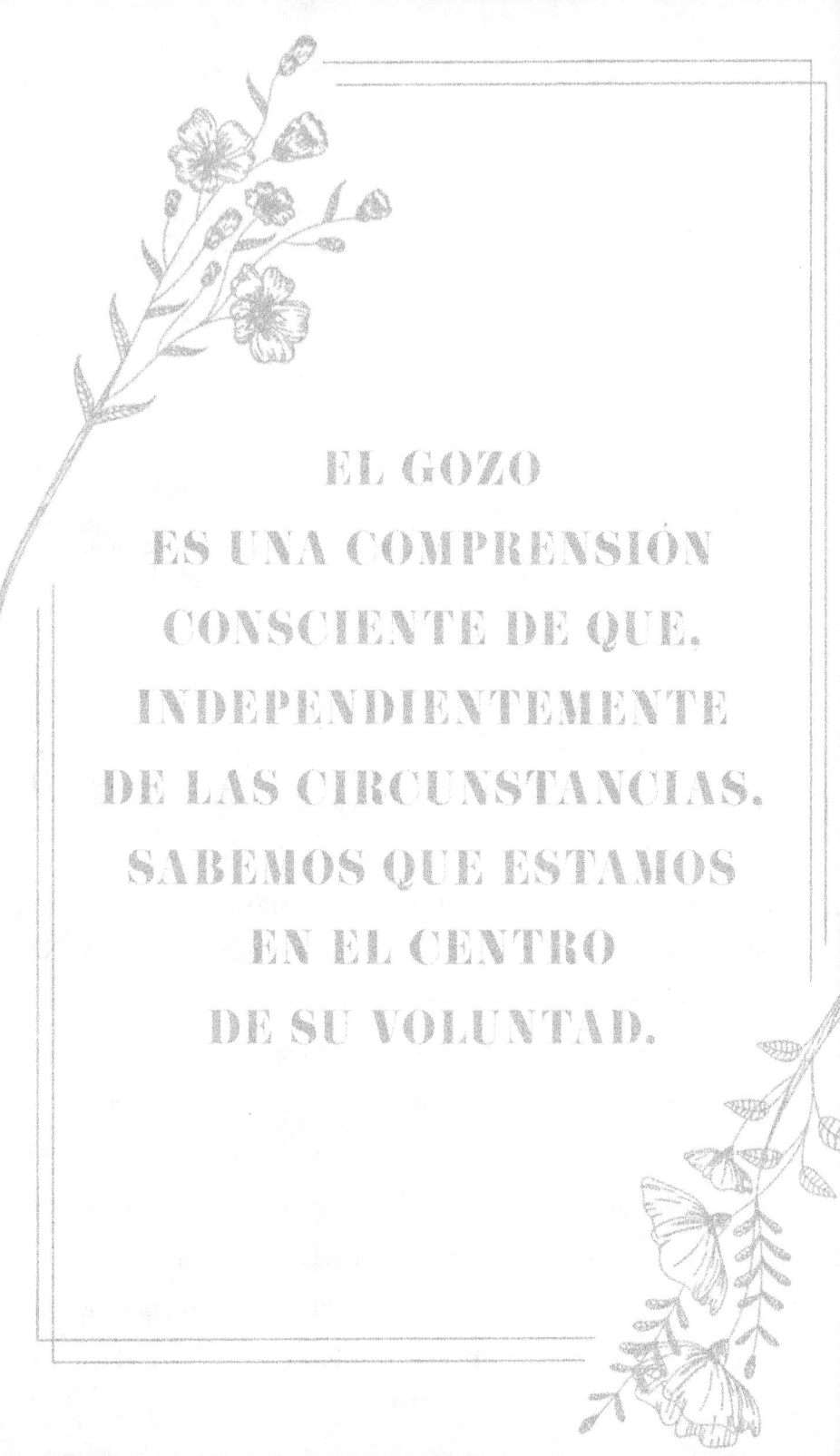

EL GOZO
ES UNA COMPRENSIÓN
CONSCIENTE DE QUE,
INDEPENDIENTEMENTE
DE LAS CIRCUNSTANCIAS,
SABEMOS QUE ESTAMOS
EN EL CENTRO
DE SU VOLUNTAD.

consumador de la fe, el cual por el gozo puesto delante de Él sufrió la cruz, menospreciando la vergüenza, y se sentó a la diestra del trono de Dios". ¿Cómo tuvo gozo nuestro intachable Salvador mientras padecía y moría irreprensiblemente en la cruel cruz del Calvario para redimir a tan miserable raza humana? o ¿qué hay de Santiago 1:2? "Hermanos míos, tened por sumo gozo cuando cayereis en diversas pruebas...." ¿Cómo pueden ser esas referencias al gozo lo mismo? ¿Y cómo exactamente puedo tener "gozo" durante las tormentas? No sé de usted, pero para mí, cuando el Señor considera oportuno hacerme pasar por una prueba o una tormenta, ¡lo último que tengo en mente es un "deleite tranquilo"! Mas bien, mi respuesta natural es todo lo contrario. O estoy lista para la guerra o estoy tratando de contener las lágrimas. Para aclarar, veamos I Pedro 4:12-13, "Amados, no os extrañéis acerca de la prueba de fuego la cual se hace para probaros... antes bien, regocijaos en que sois participantes de los padecimientos de Cristo; para que cuando su gloria sea revelada, os regocijéis con gran alegría". El versículo 19 aporta más claridad a los versículos anteriores: "Por tanto, los que padecen según la voluntad de Dios, encomienden a Él sus almas, como a fiel Creador haciendo el bien,". ¡Eso es! El gozo no es solo un sentimiento emocional o una percepción a la que solemos atribuirlo; sino más bien, el gozo es una comprensión consciente de que, independientemente de las circunstancias, sabemos que estamos en el centro de Su voluntad. Así fue como Cristo tuvo gozo mientras sufría en la cruz, ¡porque estaba haciendo la voluntad de Su Padre! Entonces, las pruebas hacen crecer nuestra fe, y eso nos hace confiar más en Él; y cuánto más confiamos en Él, más nos acercamos a Él. Esto, entonces, trae a la luz que Dios es nuestra verdadera Fuente de gozo (nuestro deleite tranquilo), y nuestras circunstancias no lo son. Mi pastor nos recuerda a menudo: "La paz no es la ausencia de conflictos, sino la presencia de Cristo". Es posible que se pregunte: "¿Cómo puedo tener gozo con mis dificultades pasadas?" Tal vez esa es la pregunta incorrecta para hacer. En cambio, tal vez deberíamos preguntarnos: "¿Las dificultades o tormentas del pasado me acercaron más a Cristo?" Ya sea que Dios haya creado o permitido la prueba, si a través de ella pude acercarme más a Él, puedo tener un deleite tranquilo al saber que siempre es Su voluntad que yo cultive un caminar más cercano con Él.

¿Le falta el verdadero gozo bíblico en su vida? Si es así, la primera pregunta que debe hacerse es: "¿Estoy en el centro de la voluntad de mi Padre?" Como dijo Dwight L. Moody: "El Señor da gozo perpetuo a su pueblo cuando caminan en obediencia a Él". ¿Está en plena obediencia a la dirección de su Padre? ¿Tiene el gozo del Señor en su diario caminar con Él? En temporadas de cansancio, recordemos a Cristo en Hebreos 12:2 y seamos fortalecidas sabiendo que Él es nuestro Señor, el Dios poderoso que nos ve.

gozo

Fecha:

Versículos de la Biblia:

Devoción personal:

La aplicación de hoy:

Oraciones:

Bendiciones:

El Gozo en el Semblante

Por Callie Shiflett

"Por lo cual mi corazón se alegró, y se gozó mi lengua; y aún mi carne descansará en esperanza. Me hiciste conocer los caminos de la vida; me llenarás de gozo con tu presencia".

Hechos 2:26,28.

Si alguien menciona la frase, "una persona gozosa", ¿Quién viene inmediatamente a su mente? ¿El cajero agradable en el supermercado el día de ayer? ¿La aparente y siempre sonriente esposa del pastor? ¿Su mejor amiga que siempre puede hacerle reír a carcajadas?

Sin tener que pensar mucho, alguien específico apareció automáticamente en su mente. Echemos un vistazo más de cerca a este tipo de persona gozosa. ¿Se conoce por sonreír porque se está burlando de los demás o los menosprecia? ¿Está feliz porque las damas de la iglesia notaron sus nuevos zapatos costosos? La respuesta es no, probablemente no.

La persona en la que está pensando probablemente está gozosa porque tiene un gran caminar con el Señor y está contenta a través de Él. Solo Cristo puede darnos ese gozo auténtico que nos distingue de ser simplemente una persona "sonriente". Cuando tenemos gozo en el semblante de Él, ¡no podemos evitar mostrarlo en nuestro semblante! En los versículos anteriores, el corazón se "goza". La lengua está "gozosa". (Para nosotras las damas que nos encanta hablar y nos damos cuenta de estar hablando lo negativo a menudo, una lengua gozosa sería un milagro en sí mismo).

Quiero decir, ¿qué tan felices seríamos si simplemente "descansáramos en la esperanza"? ¡El rostro de Cristo no solo nos trae gozo, sino que también puede llenarnos de gozo si se lo permitimos!

A través de Él, podemos experimentar el tipo de gozo que se manifestará externa e internamente, no solo cuando las cosas salgan como queremos. Sólo entonces podremos ser esa persona alegre; ¡La persona que puede agudizar y alentar el semblante de sus compañeros! (Proverbios 27:17)

Examine su corazón. ¿Qué pasaría si sus amigos y familiares leyeran esto? ¿Sería usted esa persona gozosa que aparece en su mente? ¿Cómo puede agudizar el semblante de un amigo hoy? Escriba una pequeña lista de las cosas por las que su corazón puede regocijarse. Tal vez comparta algunas bendiciones con una amiga. Una advertencia: ¡No podrá hablar de todas sus muchas bendiciones con un semblante triste!

gozo

Fecha:

Versículos de la Biblia:

Devoción personal:

La aplicación de hoy:

Oraciones:

Bendiciones:

El Gozo en Su Presencia

Por Ashley Thompson

"Me mostrarás la senda de la vida; Plenitud de gozo hay en tu presencia; delicias en tu diestra para siempre".

Salmo 16:11

¡Como cristianos, debemos ser las personas más gozosas porque tenemos la salvación a través de Cristo! No importa de qué trasfondo viene o qué edad tenía cuando fue salva; en el momento en que aceptó a Cristo como su Salvador, usted se reconcilió con Él "...nos gloriamos en Dios por medio de nuestro Señor Jesucristo..." (Romanos 5:11b).

Como cristiana nueva, ¡es difícil contener la emoción y el gozo que siente! Quiere que todo el mundo sepa cómo Dios le ha salvado para que ellos también puedan sentir la paz y el gozo que Él da. Pero, a medida que pasa el tiempo, podemos quedar atrapadas fácilmente en el ajetreo de la vida, o incluso frustrarnos con lo rutinario, y "perdemos" nuestro gozo. No me refiero solo al sentimiento de infelicidad que tiene cuando pide un donut relleno de frambuesa y descubre que la persona enfrente de usted pidió la última... ¡Uf! Aunque eso podría ser difícil momentáneamente, pronto se distraerá con otro donut, café u otra cosa, causando que esa infelicidad momentánea se desvanezca. La pérdida de gozo de la que estoy hablando es un poco más profunda que eso.

A medida que nos vemos atrapadas en el día a día, es fácil descuidar nuestro caminar con Dios. Tal vez todavía estemos haciendo nuestros devocionales diarios, pero si no estamos verdaderamente caminando con Él, nuestra perspectiva comienza a desequilibrarse. Cuando nuestra manera de pensar comienza a desviarse, es fácil frustrarnos con nuestra vida y ser malagradecidas por nuestras circunstancias. Puedo entender por qué las personas perdidas que nos rodean no tienen gozo, y es porque ¡no tienen esperanza! Sí, parece que este mundo se ha vuelto loco, pero como cristianas, sabemos que nuestra vida aquí pasará, ¡y pasaremos una eternidad en el cielo!

En Salmo 16:11 leemos que en la presencia de Dios hay plenitud de gozo. Gálatas 5:22 nos dice que el gozo es fruto del Espíritu; es un subproducto de estar lleno del Espíritu. Cuando estamos verdaderamente caminando con Dios y sometidas a Su Espíritu, tendremos la abundancia de gozo que solo Él puede dar, ¡incluso en la tribulación! (II Corintios 8:2). Si buscamos continuamente al Señor y Su fuerza (Sal. 105:4), Su gozo será nuestra fortaleza (Nehemías 8:10). Debemos ser una luz para los que nos rodean; ¡nuestro gozo debería causar que la gente quiera lo que tenemos! Es importante que mantengamos a Cristo primero en nuestras vidas y entremos diariamente en Su presencia. Mientras caminemos continuamente con Él, ¡tendremos el gozo que sólo Él da!

gozo

Fecha:

Versículos de la Biblia:

Devoción personal:

La aplicación de hoy:

Oraciones:

Bendiciones:

El Gozo Inefable Durante las Pruebas Más Difíciles de la Vida

Por Lydia L. Riley

"Para que la prueba de vuestra fe, mucho más preciosa que el oro que perece, aunque sea probado con fuego, sea hallada en alabanza, gloria, y honra, en la manifestación de Jesucristo, a quien amas sin haberle visto; en quien creyendo, aunque al presente no le veáis, os alegráis con gozo inefable y glorioso".

I Pedro 1:7-8

Le pido que retrocede en el tiempo, pasando las páginas del libro de su vida. ¿Cuál es ese capítulo más oscuro, la página manchada con más lágrimas, quizás el dolor escondido y más profundo del cual solo unos pocos conocen, o esa tragedia repentina y dolorosa por la que tuvo que pasar abiertamente para que todo el mundo la viera? Si es una hija de Dios, cada una de nosotras tendrá su momento de fuego: fuego ardiente, arrebatador, furioso; fuego que destruye y trae gran dolor y tristeza. Sin embargo, este es el mismo fuego que Dios

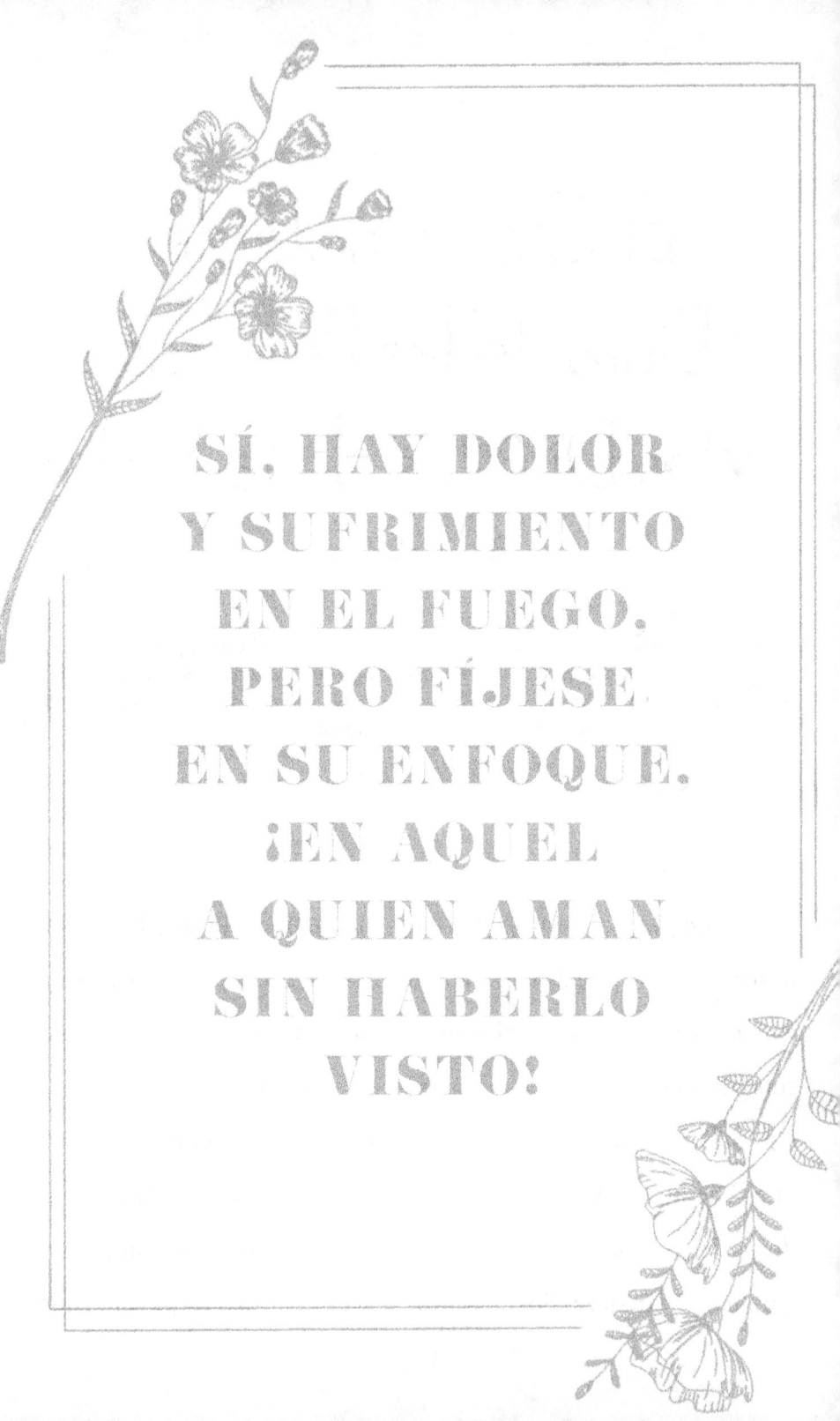

SÍ, HAY DOLOR Y SUFRIMIENTO EN EL FUEGO, PERO FÍJESE EN SU ENFOQUE. ¡EN AQUEL A QUIEN AMAN SIN HABERLO VISTO!

usa en nuestras vidas para refinar y purificar el vaso atesorado delante de Él. ¿Ha notado que muchas veces los cristianos más gozosos y más dedicados son los que han atravesado los dolores más profundos y las pérdidas más dolorosas? Frecuentemente, solo vemos el éxito y la gloria de un santo de Dios experimentado: el resplandor del oro. Sin embargo, sí comenzaran a compartir con ustedes su testimonio, retrocediendo las páginas del tiempo, esa profunda prueba de su fe, esa "prueba de fuego" que cambió para siempre sus vidas, sale a la superficie de su historia.

¿Cuál es la clave? ¿Cómo puede pasar por el fuego regocijándose con un gozo inefable y lleno de gloria? ¿Por qué algunos se amargan, se enojan y envejecen más allá de su edad, mientras que otros cristianos salen con alabanzas en sus labios dando honor a su Dios por Su fidelidad? ¿Cómo podemos experimentar el resplandor y la belleza de la victoria que se evidencian en todo lo que tocamos para el Señor? Creo que la clave se encuentra en estos versículos, justo entre los dos pensamientos prevalecientes, solo dos palabras poderosas: "creyendo, aunque". ¡Esta es la clave! ¡Este es el camino hacia la victoria que prevalece a través de nuestras lágrimas! Sí, hay dolor y sufrimiento en el FUEGO, pero fíjese en su ENFOQUE, ¡en Aquel a quien aman sin haberlo visto! Fíjese en su FE en Aquel a quien aman (es todo sobre la fe). Recuerde, esta es "la prueba de su fe". ¡Imagínese que el Dios Todopoderoso le contó fiel para entrar un poco en Sus sufrimientos, para probar que su fe en Él y en Su

Palabra permanecería verdadera e inquebrantable! "Sin embargo, creyendo..." No permita que esta profunda prueba sacuda su fe en Él, "os alegráis con gozo inefable..." Este gozo inefable: ¿será que es tan personal, tan gratificante, tan abundante que es simplemente demasiado para tratar de expresarlo? Querida cristiana, ¡siga creyendo! ¡Dios no ha terminado de escribir su historia!

I Pedro 4:12-13 "Amados, no os extrañéis acerca de la prueba del fuego la cual se hace para probaros, como si alguna cosa extraña os aconteciese; antes bien, regocijaos en que sois participantes de los padecimientos de Cristo; para que cuando su gloria sea revelada, os regocijéis con gran alegría".

gozo

Fecha:

Versículos de la Biblia:

Devoción personal:

La aplicación de hoy:

Oraciones:

Bendiciones:

Un Recuerdo Gozoso

Por Marissa Patton

"Vuélveme el gozo de tu salvación; y el espíritu libre me sustente".

Salmo 51:12

¿Recuerda el día que usted fue salva? ¿Esa paz que inundó su alma? ¿El peso que se quitó cuando su pecado se desvaneció? ¿El gozo que llenó su corazón justo al saber que fue rescatada de la condenación eterna? ¡Yo sí! Lo recuerdo como si fuera ayer. Recuerdo que cuando era una niña de seis años, estaba lista para conquistar al mundo. Estaba sonriendo de oreja a oreja. Y me quedé sonriendo durante mucho tiempo. ¿Por qué? Porque me di cuenta de que acababa de recibir los regalos más grandes de todos los tiempos: la vida eterna y un Padre para literalmente toda la vida.

Entonces, ¿por qué no volvemos atrás y revivimos ese día en nuestros corazones más a menudo? ¿Por qué no damos un paso atrás en la rutina diaria? Dé un paso atrás en el tiempo para revivir o "restaurar" ese gozo; el gozo que sólo viene de ser una hija del

Rey. No importando la situación ni la lucha, creo que, como una dama cristiana, debemos regresar constantemente al día de nuestra salvación. Pídale al Señor que reviva su memoria de todos los dulces detalles de su vida cambiada. ¡Porque allí, mi querida hermana, es dónde podemos encontrar el gozo real y eterno!

Tómese un momento y escriba las emociones que sintió como una cristiana nueva.

> PÍDALE AL SEÑOR QUE REVIVA SU MEMORIA DE TODOS LOS DULCES DETALLES DE SU VIDA CAMBIADA.

gozo

Fecha:

Versículos de la Biblia:

Devoción personal:

La aplicación de hoy:

Oraciones:

Bendiciones:

El Enemigo Mortal de Su Gozo

Por Candance Voyles

"Toda amargura, y enojo, e ira, y gritería, y maledicencia, y toda malicia, sea quitada de entre vosotros; y sed benignos unos con otros, misericordiosos, perdonándoos unos a otros, como también Dios en Cristo os perdonó".

Efesios 4:31-32

"Y el Dios de esperanza os llene de todo gozo y paz en el creer, para que abundéis en esperanza por el poder del Espíritu Santo".

Romanos 15:13

Un día, mi marido y yo estábamos en el carro. Empezamos a hablar del gozo. El gozo es una palabra común en el vocabulario de un cristiano. Experimentamos el gozo en la salvación y en nuestra relación con Dios. Mi esposo resumió nuestra conversación así: "Nuestro gozo durará mientras dure la fuente de nuestro gozo".

"Guau", pensé, "¡Qué verdad!".

Si la fuente de nuestro gozo es perpetuo y eternal, nuestro gozo puede ser perpetuo y eternal. Si la fuente es temporal, también lo será ese gozo. Si las cosas, las personas, el estatus de nuestra vida o nuestras circunstancias son la base de nuestro gozo, no durará. El vacío será su reemplazo. Si nuestro gozo está verdaderamente en Cristo, existirá mientras Él exista.

Descubrí que hay enemigos, como el dolor, el miedo, la ira y las circunstancias fuera de nuestro control que pueden robar o quitar nuestro gozo. También descubrí por experiencia personal que el gozo puede existir en el corazón junto con y a pesar de estos enemigos. En el dolor, tenemos el Espíritu Santo para consolarnos y calmarnos. Nos apoyamos en ese gozo para sostenernos. En el miedo, confiamos en la Mano Invisible para guiarnos y protegernos. En el enojo, la Palabra de Dios nos anima a "no pecar" y no dejar que el sol se ponga sobre nuestra ira. En nuestras circunstancias, confiamos en el proceso de ser conformados a la imagen del Salvador. Durante cada uno de estos, pacientemente permitimos que el Señor haga Su obra perfecta mientras el gozo coexiste en nuestros corazones.

Pero hay un enemigo con el cual el gozo no puede coexistir en el corazón cristiano. Este enemigo roba el gozo por completo. El enemigo es el pecado; más específicamente, el pecado de la amargura.

La amargura es la enemistad extrema, el rencor, el odio y la aflicción dolorosa (Hebreos 12:15). Es un resultado de la falta de perdonar. Es un ambiente canceroso del corazón que matará al gozo hasta dejar sólo la dureza y el vacío. Cuando esa "raíz de amargura" se arraiga en nuestros corazones, solo vemos lo que la amargura nos permita ver: lo peor de la humanidad. Olvidamos que Dios sabe todo acerca de cada ser humano. Él escogió amarnos tanto que dio a Su único y precioso Hijo para redimirnos. Para mantener el gozo y resistirse a la amargura, primero debemos tener la mente de Cristo, el Cordero de Dios que perdona con tanto amor. Debemos desenterrar esa raíz en su origen. Debemos guardarnos de aquello que lo causaría. Entonces debemos permitir que el amor de Dios gobierne en nuestros corazones.

Todas hemos sido heridas en algún momento. Todas hemos experimentado algún tipo de traición que se enconará y destruirá nuestro gozo si nos aferramos a ello. He experimentado la muerte de un precioso ser querido a manos de otro. Entonces, querida amiga, lo sé. Le prometo que sé lo que es tener que desenterrar esa raíz y negarme a permitir que me robe el gozo y controle mi corazón. Y no siempre es una cosa de una sola vez, sino más bien una vigilancia continua del corazón. Solo un corazón perdonador controlado por la presencia de Dios puede verdaderamente tener el poder de amar y perdonar como lo hace Cristo.

¿Cómo lidiamos con la amargura? Cambiamos nuestro enfoque. Tomamos la decisión de mirar a Cristo en lugar de la tormenta y las olas. Esa es la única manera de no venirse abajo y hundirse en el abismo de la amargura. Oramos fervientemente. Lo desenterramos. ¡Desentiérrelo! ¡Desentiérrelo! No importa cuántas veces se requiere. Nos acordamos de la bondad de Dios, con cuánto amor perdona nuestros pecados y fracasos. ¡Le agradecemos! Y nosotros perdonamos, como Dios nos ha perdonado en Cristo. Las aguas amargas y las aguas dulces no pueden salir de la misma fuente.

Juan escribió en I Juan 1:4: "Y estas cosas os escribimos, para que vuestro gozo sea cumplido". Querida hermana, le animo a que desarraigue cualquier amargura que pueda tener para que su gozo sea pleno. Recuerde, el gozo puede existir con muchos enemigos. Pero el gozo no puede existir con la amargura.

gozo

Fecha:

Versículos de la Biblia:

Devoción personal:

La aplicación de hoy:

Oraciones:

Bendiciones:

¡Sea Fuerte, Mujer!

Por Deborah South

"Luego les dijo; Id, comed grosuras, y bebed vino dulce, y enviad porciones a los que no tienen prevenido; porque día santo es a nuestro Señor, y no os entristezcáis, porque el gozo de Jehová es vuestra fortaleza".

Nehemías 8:10

Esdras y Nehemías escribieron durante un momento difícil en la vida de los hijos de Israel. Habían regresado del cautiverio de Babilonia para encontrar que su amada ciudad se había destruido por sus enemigos. En este momento, tenían que tomar una decisión: sentarse enojados y asombrados por lo que habían perdido u ocuparse de hacer lo que pudieran para restaurar las cosas tanto como fuera posible. ¡Comenzaron a trabajar! No fue fácil, y no fue divertido. Estoy segura de que tuvieron muchos días de trabajo agotador, pero vale la pena trabajar por cualquier cosa que vale la pena tener. Durante todo este tiempo, Esdras y Nehemías escribirían sobre el gozo que tenía el pueblo. Algunos expresaron su gozo con gritos y otros con llanto. Hubo gozo en la dedicación de la casa del Señor y en la fiesta (Esdras 3:12, 3:13, 6:16, 6:22). ¡El gozo del Señor era su fuerza!

Nehemías 12:43b, "...porque Dios los había recreado con grande contentamiento; se alegraron también las mujeres y los niños;

y el alboroto de Jerusalén fue oído desde lejos". ¡Los enemigos incluso oyeron del gozo en Jerusalén! Había algo diferente de este pueblo de Dios. Tenían un gozo que el mundo no entiende.

Tenían muchas razones para no estar gozosos. Hubo problemas, angustia, desastre y cenizas. ¡Sin embargo, estas personas eligieron el gozo! ¿No es interesante que Nehemías señaló que las esposas y los hijos se regocijaron? ¡Creo que el regocijo de las damas hizo que el trabajo transcurriera sin problemas, y los niños se unieron con la emoción que vieron en sus madres! (Esa es completamente mi opinión, por supuesto).

Hoy, es posible que está enfrentando unos problemas que no puede resolver. ¡Elija el gozo! Es posible que está cuidando a familiares o amigos que están enfermos o discapacitados. Es posible que está lidiando con una enfermedad en su propio cuerpo. Tal vez hay unas dificultades financieras o unos problemas en su iglesia. ¡Elija el gozo! Ninguna circunstancia debe cambiar su gozo. Jesús es la única fuente verdadera del gozo. Él da gozo pleno y duradero. ¡Él le dará la fuerza para elegir el gozo!

No le estoy diciendo que camine con una sonrisa falsa pegada en su rostro. le estoy diciendo que haga una elección: ¡Elija el gozo! El mundo quiere que se derrumbe y se deprima. Quieren que acuse a Dios de ser injusto. Quieren que elija la miseria y el desánimo. No quieren que confíe en la fuerza de Dios. Tiene una opción: ¡Elija el gozo!

Pablo nos amonestó en Filipenses 4:4, "Regocijaos en el Señor siempre; otra vez digo, regocijaos". Pablo estaba en la cárcel y, sin embargo, nos da un buen mandamiento para obedecer: ¡Gócense!

Fortalézcase hoy con el recordatorio de que "el gozo del Señor es su fuerza" y ¡Sea fuerte, mujer!

gozo

Fecha:

Versículos de la Biblia:

Devoción personal:

La aplicación de hoy:

Oraciones:

Bendiciones:

El Gozo Vs. La Felicidad

Por Courtney Womack

"Estas cosas os he hablado, para que mi gozo este en vosotros, y vuestro gozo sea cumplido".

Juan 15:11

El gozo es un estado de paz a pesar de las circunstancias.

La felicidad es un buen sentimiento debido a las circunstancias actuales.

El verdadero gozo muchas veces se confunde con la felicidad. La felicidad es un sentimiento bueno que nos embarga cuando las situaciones, las circunstancias o los acontecimientos determinados están a nuestro favor. La felicidad se desvanece rápidamente cuando esos mismos eventos no están a nuestro favor. En cambio, el gozo es la tranquilidad sin importar lo que nos suceda, lo que suceda a nuestro alrededor o lo que suceda en nuestra contra. El gozo puede incluir la felicidad, pero no se limita cuando no se puede encontrar la felicidad. El gozo puede proporcionar la felicidad, la paz, el consuelo y el aliento, dependiendo de lo que se necesite en ese momento. La felicidad depende de las circunstancias de la vida, mientras que el gozo no vacila con nuestras circunstancias.

¿Alguna vez ha tenido un momento en su vida en el que sintió que no tenía gozo? ¿Parecía que, sin importar lo mucho que lo intentara, estaba constantemente luchando con la vida? Las diferentes etapas de la vida tienden a causar las luchas continuas y a menudo, nos encontramos en circunstancias diferentes a las que desearíamos (Salmo 5:11). Aún durante estas luchas y problemas, ¡TODAVÍA podemos mantener nuestro gozo! Es durante estos momentos de la vida, ya sea que estemos en la cima de la montaña o atravesando un valle, que tenemos que decidir si tendremos el gozo verdadero.

Pienso en el gozo como un pozo. Necesitamos agua para estar sanos y prosperar. El pozo es lo que nos da el agua. En la vida, hay días en los que naturalmente tenemos más sed. Hemos hecho más trabajo físico, hemos hecho más esfuerzo, y muchas veces en esos días necesitamos más agua. Si nos falta agua, pero la necesitamos, ¿a dónde iríamos? ¡Así es! Al pozo. Tenemos que sacar el agua del pozo; no podemos suministrarla nosotros mismos. Debido a las circunstancias de la vida, tendremos días en los que necesitamos profundizarnos más en el gozo y en otros días simplemente fluye libremente. Isaías 12:3 dice: "Con gozo sacaréis aguas de las fuentes de la salvación". Cuando tenemos a Jesús en nuestro corazón, siempre tenemos la capacidad de sacar el gozo verdadero de Su pozo. En lugar de intentar hacer que cada día sea "feliz", ¡escojamos profundizarnos en la Palabra y en nuestro maravilloso Salvador para obtener nuestro gozo verdadero! Su gozo durará mucho más que la simple felicidad.

gozo

Fecha:

Versículos de la Biblia:

Devoción personal:

La aplicación de hoy:

Oraciones:

Bendiciones:

El Gozo en Creer

Por Kate Ledbetter

"Y mi alma se alegrará en Jehová; Se regocijará en su salvación".

Salmo 35:9

He oído decir que la felicidad es momentánea, pero el gozo es eterno. Cuando estaba pensando en esto, trajo una sonrisa a mi cara. También me hizo pensar: "¿Qué es el opuesto del gozo desde una perspectiva bíblica?" Sé que el opuesto de la felicidad es la tristeza, pero no tenía idea de lo qué era el opuesto del gozo. Así que, hice lo que hace la mayoría de la gente hoy en día; simplemente busqué la definición. "¿Cuál es el antónimo bíblico del gozo?" La definición que encontré me ayudó a ver las Escrituras que he leído tantas veces desde una perspectiva diferente.

El opuesto bíblico del gozo es la incredulidad. Cuando elegimos dejar nuestra creencia de que Dios tiene el control de todo, perdemos nuestro gozo. El gozo se encuentra en la fe. Es por eso que, en muchos de los Salmos, David podía abrir su corazón ante el Señor y aparentemente perderse en el peso de su situación. Luego, como si le impactara la realidad de la Persona a quién le está hablando, su tono cambia. En lugar de derramar lo que fácilmente podría conducirse a la incredulidad, se ancla en el gozo de quién es Dios para él.

Lea el Salmo 35 y concéntrese en este versículo y la ubicación del versículo 9:

"Y mi alma se alegrará en Jehová; Se regocijará en su salvación" Salmo 35:9.

La pregunta que me encontré haciendo es ¿cómo camino en gozo? En los tiempos difíciles, ¿camino con el miedo y la preocupación, llena de la incredulidad? ¿O elijo el gozo ("darse vueltas" como significa literalmente la palabra "gozoso")? ¿Elijo recordar que, aunque la situación pueda parecer difícil, los enemigos pueden ser muchos y los amigos pocos, y esta carne puede estar cansada y débil, que con gozo puedo mirar a Aquel que SIEMPRE tiene el control? Puedo elegir simplemente creer que todo lo que está sucediendo es parte de Su plan perfecto. Entonces, como David, puedo decir (en medio de todos los problemas): "Y mi alma se alegrará en Jehová: se regocijará en su salvación". El gozo viene simplemente por creer que Dios puede y que Dios lo hará.

¿Cree que Dios puede? ¿Por cuál cosa está pasando hoy en que Él no pueda encargarse a Su tiempo y Su manera? No suelte su gozo por la incredulidad. Regocíjese ahora en Su salvación. ¡DIOS PUEDE!

gozo

Fecha:

Versículos de la Biblia:

Devoción personal:

La aplicación de hoy:

Oraciones:

Bendiciones:

Jesús, Otros, Usted

Por Brittney Young

"Puestos los ojos en Jesús, el autor y consumador de la fe, el cual, por el gozo puesto delante de Él sufrió la cruz, menospreciando la vergüenza, y se sentó a la diestra del trono de Dios".

Hebreos 12:2

¡El Señor mismo nos da un ejemplo perfecto!

- Jesús
- Otros
- Usted

Cuando pienso en la palabra gozo, recuerdo el pequeño acrónimo que aprendí de niña. [En inglés la palabra GOZO es JOY. Cada letra representa el orden anterior: J-Jesús, O-Otros, Y-Y usted.] Aunque parezca simple, es muy importante en nuestro caminar cristiano.

Sin embargo, si soy honesta, me tomó varios años en mi caminar cristiano para tener un mejor entendimiento de la palabra gozo. De hecho, puede ser fácil confundir la diferencia entre el gozo y la felicidad.

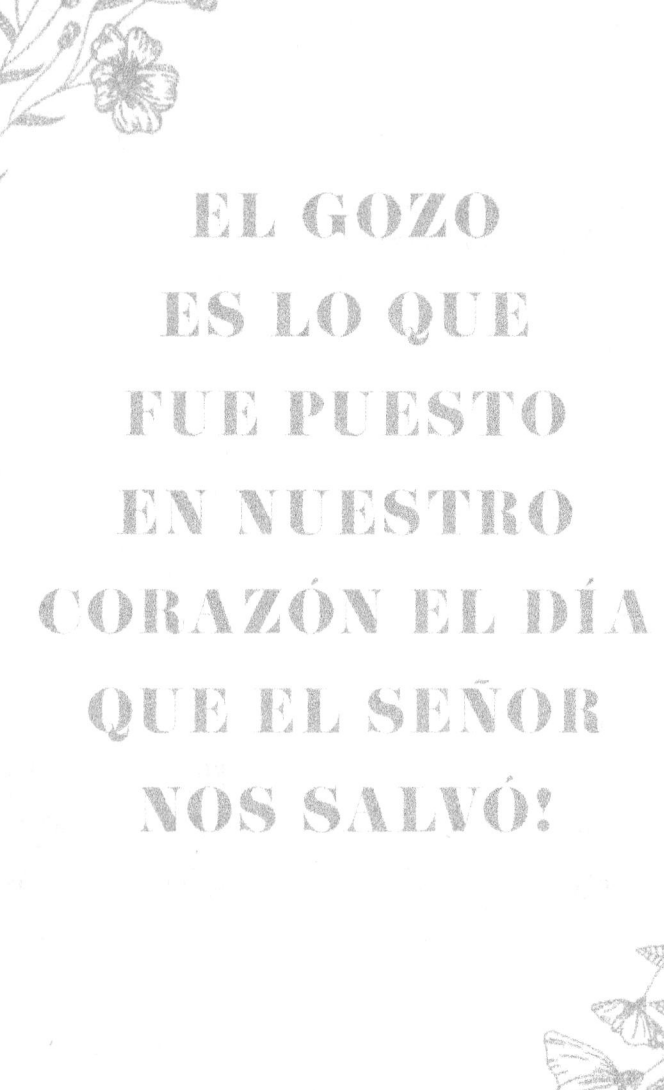

EL GOZO ES LO QUE FUE PUESTO EN NUESTRO CORAZÓN EL DÍA QUE EL SEÑOR NOS SALVÓ!

¡Recuerdo un año específico en mi vida cuando la lucha fue real!

Luché conmigo misma, con la gente y con las circunstancias.

Todo lo que podía ver a mi alrededor era la nube negra de la negatividad y estaba simplemente desanimada con la vida y las cargas que puede traer. Mientras estaba de compras un día, ¡la frase me cayó encima como un balde de agua fría! Parecía que todo lo que veía en la tienda me decía… ¡elija el gozo!

¿Cómo elijo el gozo? ¡Reflexioné sobre ese pensamiento! ¡La convicción llenó mi corazón! Me di cuenta de que no estaba eligiendo el gozo, estaba eligiendo ver todas las cosas negativas. No estaba permitiendo que el gozo del Señor fuera mi fortaleza. Me había vuelto débil en mi carne.

La felicidad se basa en las circunstancias, pero el gozo es lo que fue puesto en nuestro corazón el día que el Señor nos salvó. Lo tenía todo mal. No estaba perdiendo el gozo, ¡simplemente no lo estaba eligiendo!

Sabemos que el diablo no desearía nada más sino robarle el gozo, ¡pero no puede! Es mío para tener, ¡pero tengo que recordar elegirlo y no rechazarlo cuando las circunstancias desagradables nublen mi visión! Nuestra felicidad puede ir y venir, pero lo que el Señor hizo por mí el 9 de abril 2000 cuando era una niña de 11 años, ¡nadie puede robar!

En conclusión, recuerdo el versículo de Hebreos 12:2: "Puestos los ojos en Jesús, el autor y consumador de la fe, el cual por el gozo puesto delante de Él sufrió la cruz, menospreciando la vergüenza, y se sentó en la diestra del trono de Dios".

¡El Señor mismo nos da un ejemplo perfecto! ¡Quién por el gozo puesto delante de él soportó! ¿Cómo se alegró mi Señor en lo que estaba soportando y sufriendo por usted y por mí? ¡Él sabía lo que estaba puesto delante de Él y sabía el gozo que vendría cuando el plan perfecto de Dios se cumpliera!

Entonces, cuando las cosas se ponen difíciles, ¡necesitamos recordar el gozo puesto delante de nosotros! Un día, las dificultades de esta vida terminarán y tendremos un gozo inefable, pero hasta ese día, ¡soporte por el gozo que está delante de usted y elija el gozo!

gozo

Fecha:

Versículos de la Biblia:

Devoción personal:

La aplicación de hoy:

Oraciones:

Bendiciones:

Las Autoras

Cada autora se ha escogido a mano por su testimonio de Cristo. Dios ha regalado a cada autora con una perspectiva increíblemente versátil de la vida cristiana. Estas damas piadosas vienen de distintos senderos de la vida, incluyendo esposas e hijas de pastores, esposas de misioneros, trabajadores en la iglesia y miembros fieles de la iglesia. Sus palabras de sabiduría escritas seguramente serán bendición a su corazón.

Para saber más de nuestras autoras, favor de visitar:
www.thehighlyfavouredlife.com/es

www.ingramcontent.com/pod-product-compliance
Lightning Source LLC
Chambersburg PA
CBHW060323050426
42449CB00011B/2625